Inteligencia Artificial aplicada al comercio

Inteligencia Artificial aplicada al comercio

Beatriz Coronado García

La ley prohíbe
fotocopiar este libro

Inteligencia Artificial aplicada al comercio
Thema: UYQ Inteligencia Artificial
Bisac: COM018000
© Beatriz Coronado García
© De la edición: Ra-Ma 2024

Editado por:
RA-MA Editorial
Calle Jarama, 3A, Polígono Industrial Igarsa
28860 PARACUELLOS DE JARAMA, Madrid
Teléfono: 91 658 42 80
Fax: 91 662 81 39
Correo electrónico: *info@grupoeditorialrama.com*
Internet: *www.ra-ma.es* y *www.ra-ma.com*
ISBN impreso: 978-84-10360-80-8
ISBN ePub: 978-84-10360-82-2
Depósito legal: M-25809-2024
Maquetación: Antonio García Tomé
Diseño de portada: Antonio García Tomé
Filmación e impresión: Safekat
Impreso en España en diciembre de 2024

A Elsa.

ÍNDICE

ACERCA DE LA AUTORA

Beatriz Coronado García

Máster en Prevención de Riesgos Laborales (3 especialidades) por la Universidad Francisco de Vitoria (2020-2021). Intensivo de experto en desarrollo de aplicaciones web por la Universidad San Jorge–SEAS (2021-2022). Grado en Sociología por la Universidad Rey Juan Carlos (2013-2017).

Profesional autónoma especializada en la gestión de proyectos editoriales y desarrollo de contenido formativo, con experiencia en tecnologías educativas y desarrollo web. Actualmente, trabaja con varias editoriales. Tiene experiencia en la utilización de diversas IA en el entorno laboral: chatGPT 4.0, Copilot, Perplexity, Gemini y Midjourney, así como en el manejo de Microsoft 365 Business Standard. Además, cuenta con amplios conocimientos en lenguajes de programación como HTML5, CSS3 y JavaScript, y en sistemas de gestión de contenidos como WordPress.

Contacto

INTRODUCCIÓN

La Inteligencia Artificial (IA) ha emergido como una herramienta poderosa y versátil para transformar diversos sectores económicos, y el comercio tradicional no es una excepción. En la actualidad, la IA se está implementando para optimizar procesos de ventas, personalizar la experiencia de compra y fortalecer la relación con los clientes, permitiendo que los negocios se adapten rápidamente a las demandas del mercado y mantengan una ventaja competitiva. Para los comerciantes, la IA representa una oportunidad para aumentar las ventas y para gestionar recursos de manera eficiente y mejorar la satisfacción del cliente mediante herramientas accesibles y funcionales.

Este manual se ha diseñado específicamente para quienes buscan integrar la IA en el comercio minorista. Ofrece un enfoque práctico, adaptado a las necesidades y retos de los negocios, y permite explorar las múltiples aplicaciones de esta tecnología, desde la automatización de marketing hasta la gestión de inventario. Con un enfoque teórico-práctico, los módulos formativos proporcionan conocimientos esenciales sobre los conceptos clave y su implementación en el comercio tradicional.

Visión general del contenido

El manual se estructura en dos módulos clave, cada uno orientado a diferentes aplicaciones prácticas de la IA en el comercio:

▶ **Módulo 1: utilidad de la Inteligencia Artificial para el comercio.**

Este módulo introduce los conceptos básicos de la IA y su aplicación para impulsar las ventas. Se estudian herramientas y técnicas que permiten la personalización de la experiencia de compra y se exploran casos de éxito en los que la IA ha contribuido al crecimiento del comercio minorista.

▶ **Módulo 2: implementación de la Inteligencia Artificial en ventas.**

Enfocado en técnicas avanzadas, este módulo explora cómo implementar IA en diversas áreas como la recomendación de productos, la optimización de precios y la automatización de la atención al cliente mediante chatbots.

1

INTRODUCCIÓN A LA INTELIGENCIA ARTIFICIAL

La **Inteligencia Artificial (IA)** ha experimentado un crecimiento exponencial en las últimas décadas, y su presencia se ha extendido a diversos sectores, revolucionando la forma en que las empresas abordan los desafíos y optimizan sus operaciones. La IA permite procesar grandes cantidades de datos en tiempo real, identificar patrones complejos y tomar decisiones informadas. En el ámbito del comercio tradicional, esto se traduce en la posibilidad de anticipar las necesidades de los clientes, personalizar la experiencia de compra y gestionar los recursos de forma más eficiente, entre otros beneficios.

1.1 DEFINICIÓN Y CONCEPTOS CLAVE SOBRE LA INTELIGENCIA ARTIFICIAL

La Inteligencia Artificial se define como el campo de estudio que busca desarrollar sistemas y tecnologías que puedan simular las capacidades cognitivas humanas, como la **resolución de problemas**, el **aprendizaje** y la **toma de decisiones**. Este enfoque tiene como objetivo que las máquinas sigan instrucciones programadas y puedan adaptarse a nuevas situaciones y mejorar su rendimiento con el tiempo.

Los conceptos clave que sustentan la IA son los siguientes:

▶ **Aprendizaje automático (machine learning): e**s una rama de la IA que permite a las máquinas aprender de los datos. En lugar de programarlas explícitamente para realizar tareas, se les proporciona grandes cantidades de datos para que detecten patrones y tomen decisiones por sí mismas. Esto es particularmente útil en el comercio, donde la IA puede aprender de los comportamientos de compra para optimizar estrategias de venta y fidelización.

ⓘ Ejemplo

Un sistema de IA en una tienda de ropa puede analizar el historial de compras de los clientes y sugerir productos en función de sus preferencias anteriores, mejorando así la personalización de la experiencia de compra.

▶ **Procesamiento del Lenguaje Natural (NLP):** esta tecnología permite que las máquinas comprendan y generen lenguaje humano. En el comercio, esto se traduce en herramientas como chatbots que pueden responder preguntas de los clientes y ofrecerles asistencia en tiempo real:

ⓘ Reflexión

¿Podría el uso de chatbots con NLP reemplazar completamente la atención al cliente tradicional?

Aunque el NLP ofrece grandes ventajas en términos de eficiencia, el trato humano sigue siendo indispensable en muchos aspectos del comercio. La IA puede complementar la atención al cliente, pero su uso óptimo es apoyar tareas repetitivas, permitiendo que los empleados se centren en interacciones de mayor valor.

▸ **Visión por computadora (computer vision):** se refiere a la capacidad de las máquinas para interpretar y procesar imágenes. Esto permite a los sistemas de IA identificar objetos, personas e incluso emociones a través de una cámara, lo que puede mejorar el seguimiento de inventario en tiendas físicas o permitir la identificación de productos defectuosos.

ⓘ Nota

En el comercio minorista, la visión por computadora puede ayudar a gestionar el inventario automáticamente al identificar el número de productos en stock y señalar cuándo es necesario reabastecer.

▸ **Automatización inteligente:** a través de la IA, es posible automatizar procesos que requieren análisis complejo o decisiones en tiempo real. Esto incluye desde la gestión de inventarios hasta la segmentación de clientes para campañas de marketing.

ⓘ Reflexión

¿Hasta qué punto debería automatizarse la atención al cliente en el comercio tradicional?

La atención personalizada sigue siendo un valor fundamental en el comercio tradicional, ya que genera confianza en los clientes. Sin embargo, la automatización de tareas sencillas permite al personal centrarse en consultas que requieren empatía y trato humano, logrando un equilibrio entre eficiencia y cercanía.

▶ **Redes neuronales artificiales (artificial neural networks):** inspiradas en el funcionamiento del cerebro humano, las redes neuronales artificiales son sistemas de IA diseñados para identificar patrones complejos y aprender de ellos. Cada "neurona" de la red procesa información de manera individual y la transmite a las demás, lo que permite a la red "aprender" de los datos que recibe. Esta tecnología es particularmente útil en el reconocimiento de imágenes, voz y patrones de comportamiento, áreas clave en la personalización y optimización de la experiencia de compra en el comercio.

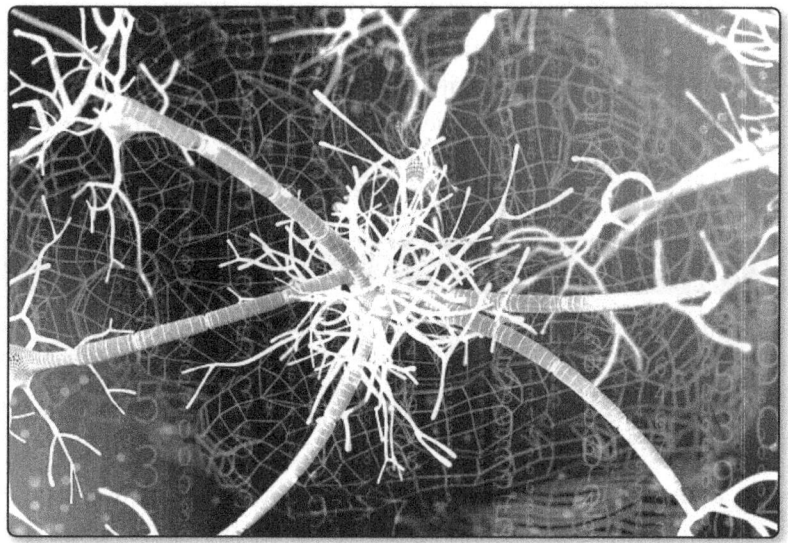

ⓘ Ejemplo

En un sistema de ventas, una red neuronal podría analizar cientos de características de productos y preferencias de clientes, ofreciendo recomendaciones personalizadas en tiempo real a cada usuario.

▶ **Algoritmos de recomendación (recommendation algorithms):** los algoritmos de recomendación son herramientas de IA que predicen las preferencias de los clientes y sugieren productos que podrían interesarles. A partir del análisis del historial de compras y la conducta de navegación de los clientes, estos algoritmos pueden personalizar las ofertas y recomendaciones en función de patrones específicos.

ⓘ Reflexión

¿Cómo influyen los algoritmos de recomendación en la decisión de compra de los consumidores?

Los algoritmos de recomendación personalizan la experiencia de compra y exponen a los consumidores a opciones que quizá no habrían considerado. Si bien pueden aumentar las ventas, también plantean cuestiones éticas sobre la influencia en las decisiones de compra y la privacidad de los datos del cliente.

▶ **Deep learning (aprendizaje profundo):** es una subrama del aprendizaje automático que utiliza redes neuronales de múltiples capas para analizar datos de manera más profunda y precisa. A diferencia de los algoritmos tradicionales, el deep learning puede aprender patrones complejos por sí mismo, sin requerir la intervención humana en la programación de reglas específicas. Este enfoque es ideal para procesar grandes volúmenes de datos no estructurados, como imágenes o texto, que permiten a la IA mejorar continuamente.

ⓘ Nota

Los sistemas de deep learning suelen requerir grandes cantidades de datos y recursos computacionales, pero ofrecen una precisión notable en aplicaciones como el reconocimiento facial y de voz, y la clasificación de productos en el comercio.

▶ **Minería de datos (Data mining):** es el proceso de examinar grandes bases de datos para descubrir patrones y relaciones significativas. La minería de datos es un elemento clave de la IA en el comercio, ya que ayuda a los comerciantes a analizar el comportamiento del cliente, las tendencias de compra y los factores que influyen en la demanda, permitiendo decisiones de negocio más informadas.

ⓘ Ejemplo

Una tienda puede utilizar la minería de datos para identificar qué productos se venden más en determinadas temporadas y ajustar su inventario en consecuencia, mejorando así su eficiencia en la gestión de existencias.

- **Optimización de procesos (process optimization):** la IA permite automatizar y optimizar procesos internos del negocio, desde la gestión de inventario hasta la planificación de la cadena de suministro. A través de la optimización, se pueden reducir los costos operativos, minimizar errores y acelerar las operaciones diarias. En el comercio, esta tecnología facilita la disponibilidad de productos y reduce tiempos de entrega, lo cual es esencial para satisfacer la demanda del cliente en tiempo y forma.

> **ⓘ Saber más**
>
> La IA juega un rol esencial en la mejora de la cadena de suministro, ya que permite anticipar los niveles de inventario óptimos, predecir tiempos de entrega y analizar posibles disrupciones logísticas. Esto es clave para los comercios que buscan adaptarse a la demanda rápidamente sin incurrir en sobrecostos o demoras innecesarias.

- **Análisis de sentimientos (sentiment analysis):** esta técnica de procesamiento del lenguaje natural permite a los sistemas de IA identificar y clasificar las opiniones y sentimientos de los clientes a partir de datos textuales, como reseñas o comentarios en redes sociales. En el comercio, el análisis de sentimientos puede ayudar a los comerciantes a entender la percepción del cliente sobre sus productos y servicios, facilitando ajustes estratégicos en su oferta.

ⓘ Reflexión

¿Hasta qué punto es efectivo el análisis de sentimientos en la mejora de la atención al cliente?

Aunque esta herramienta permite captar las emociones del cliente, el contexto es fundamental para su interpretación. A veces, las expresiones o palabras no son suficientes para capturar el sentido completo, lo que hace necesario el análisis humano para complementar los resultados.

▶ **Robótica y automatización en el comercio (robotics and automation in retail):** la robótica, impulsada por la IA, permite realizar tareas automatizadas en entornos comerciales, como la reposición de productos, el control de inventario y la limpieza. Además, los robots de atención al cliente comienzan a utilizarse en tiendas para ofrecer información sobre productos y guiar a los clientes, mejorando así la eficiencia en la gestión de las tiendas.

> **ⓘ Nota**
>
> Los robots en el comercio no sustituyen al personal humano en la mayoría de los casos, sino que optimizan tareas repetitivas, permitiendo que los empleados se concentren en funciones más estratégicas o de atención directa al cliente.

1.2 DESCRIPCIÓN DE LOS HITOS HISTÓRICOS Y EVOLUCIÓN DE LA INTELIGENCIA ARTIFICIAL

La historia de la **Inteligencia Artificial (IA)** comenzó con conceptos y descubrimientos que sentaron las bases para que las máquinas pudieran imitar ciertas capacidades cognitivas humanas. Durante las décadas de 1940 y 1950, los avances en matemáticas y lógica llevaron a una de las primeras formulaciones teóricas de lo que sería el campo de la IA.

Alan Turing, uno de los pioneros en informática y matemáticas, jugó un papel crucial en los orígenes de la IA. En 1936, Turing desarrolló el concepto de la **Máquina de Turing**, un modelo teórico que representa un dispositivo capaz de realizar cálculos y resolver problemas lógicos mediante una serie de pasos secuenciales. Aunque no es una máquina en el sentido físico, la Máquina de Turing sirve como una representación abstracta de cómo una máquina podría llevar a cabo operaciones lógicas y matemáticas complejas.

La Máquina de Turing es esencial porque:

- ▶ **Introdujo el concepto de computación universal**: mostró que, en teoría, una máquina podía resolver cualquier problema matemático que fuera computable, siempre y cuando se le proporcionara suficiente tiempo y memoria.

- ▶ **Estableció las bases para la informática moderna**: la idea de que una máquina podía manipular símbolos y seguir reglas específicas anticipó la forma en que se programan las computadoras hoy en día.

 **Nota**

La Máquina de Turing no se construyó como una máquina física, sino como un modelo teórico. No obstante, sentó las bases para el desarrollo de las primeras computadoras, las cuales funcionarían siguiendo principios similares de procesamiento lógico.

En 1950, Alan Turing publicó un artículo titulado **"Computing Machinery and Intelligence"** en el que planteó la pregunta: *¿Pueden las máquinas pensar?* En este trabajo, Turing proponía la **Prueba de Turing**, un experimento conceptual para determinar si una máquina puede demostrar un comportamiento inteligente similar al de los seres humanos.

La Prueba de Turing consiste en un juego de imitación en el que una persona (el interrogador) se comunica, a través de un canal de texto, con otra persona y con una máquina. Si el interrogador no puede distinguir con precisión quién es humano y quién es la máquina, entonces se considera que la máquina ha superado la prueba y, por lo tanto, posee un comportamiento inteligible o "inteligencia" similar a la humana.

(i) Reflexión

¿Es la Prueba de Turing una medida suficiente para evaluar la inteligencia?

Si bien la Prueba de Turing marcó un hito en el estudio de la IA, también ha sido objeto de debate. Algunos críticos argumentan que pasar la prueba solo indica que una máquina puede simular inteligencia, no que realmente "piense". Sin embargo, su importancia radica en que desafió las percepciones sobre la capacidad de las máquinas para replicar procesos de pensamiento humano.

Durante estas primeras décadas, la idea de que las máquinas podrían llegar a pensar atrajo a matemáticos, filósofos y científicos. Algunas de las teorías y modelos iniciales que sentaron las bases del campo de la IA incluyen:

- ▸ **Lógica simbólica y teoría de la computación**: matemáticos como **John von Neumann** y **Norbert Wiener** comenzaron a investigar el concepto de máquinas lógicas que podrían procesar símbolos y tomar decisiones en base a reglas establecidas, lo que más tarde sería clave en el desarrollo de algoritmos de IA.

- **Cibernética**: en paralelo, la cibernética, desarrollada por Norbert Wiener, estudió los sistemas de control y comunicación en máquinas y organismos vivos. La cibernética introdujo la idea de **retroalimentación** (feedback), un proceso por el cual una máquina puede ajustar su comportamiento en función de la información que recibe, imitando procesos de aprendizaje y adaptación presentes en los seres vivos.

- **Teorías sobre redes neuronales**: en 1943, el neurofisiólogo **Warren McCulloch** y el matemático **Walter Pitts** desarrollaron un modelo matemático de neuronas artificiales, el cual sentó las bases de las redes neuronales actuales. En su modelo, mostraron cómo un conjunto de neuronas artificiales podía organizarse para resolver problemas de lógica. Aunque rudimentario, este modelo inicial fue una de las primeras propuestas de que las máquinas podrían aprender y resolver problemas complejos.

ⓘ **Ejemplo**

Aunque el modelo de McCulloch y Pitts no estaba orientado a resolver problemas de la vida cotidiana, sí mostró que los principios del aprendizaje humano podían replicarse de manera simplificada en un sistema mecánico, abriendo el camino a las redes neuronales que hoy son la base de muchas aplicaciones de IA.

Estas teorías y modelos de mediados del siglo XX establecieron el marco conceptual para lo que, en las siguientes décadas, se convertiría en un campo de estudio en constante expansión. La idea de que las máquinas no solo pudieran realizar cálculos, sino también "aprender" y "razonar" de manera similar a los seres humanos, dejó de ser mera especulación y comenzó a tomar forma científica.

El verano de 1956 marcó un antes y un después en la historia de la **Inteligencia Artificial (IA)**. En junio de ese año, un grupo de investigadores de diversas disciplinas se reunió en el **Dartmouth College** en Hanover, Nueva Hampshire, Estados Unidos, para participar en lo que se conocería como el **Dartmouth Summer Research Project on Artificial Intelligence**. Este evento, organizado principalmente por los científicos **John McCarthy**, **Marvin Minsky**, **Nathaniel Rochester** y **Claude Shannon**, tuvo como objetivo estudiar la posibilidad de crear máquinas que pudieran simular capacidades humanas de aprendizaje, razonamiento y resolución de problemas. Fue en esta reunión donde se acuñó por primera vez el término "Inteligencia Artificial" y se establecieron las bases para lo que hoy entendemos como IA.

El **Dartmouth Summer Research Project on Artificial Intelligence** se considera el evento fundacional del campo de la IA, ya que, por primera vez, científicos y matemáticos se congregaron para abordar el desarrollo de máquinas "inteligentes" desde una perspectiva formal y científica. En su propuesta para el proyecto, los organizadores declararon que "cada aspecto del aprendizaje o cualquier otra característica de la inteligencia puede, en principio, describirse de tal manera que una máquina pueda simularlo". Esta declaración ambiciosa sentó las bases teóricas y experimentales para la IA y atrajo el interés de la comunidad científica, así como el financiamiento de agencias gubernamentales y organizaciones de investigación.

> **ⓘ Nota**
>
> La declaración del Dartmouth Project sobre la posibilidad de replicar la inteligencia humana en una máquina generó expectativas sumamente altas, lo cual, con el tiempo, llevaría a algunos períodos de desilusión y menor inversión, conocidos como los "inviernos de la IA".

Durante el Dartmouth Project, **John McCarthy**, uno de los organizadores y figura clave en la historia de la IA, acuñó el término "Inteligencia Artificial" para describir el campo que busca crear máquinas capaces de simular procesos mentales humanos. Esta fue una decisión significativa, ya que diferenció esta nueva disciplina de otras áreas como la cibernética y la teoría de la computación. Con este nombre, se enfatizaba la intención de desarrollar una inteligencia no biológica que pudiera compararse, en alguna medida, con la inteligencia humana.

Entre los primeros objetivos definidos para la IA en Dartmouth, se incluyeron:

▶ **Procesamiento del lenguaje natural**: se consideró fundamental que las máquinas pudieran comprender y generar lenguaje humano, lo cual permitiría una interacción más intuitiva entre personas y máquinas. Esto marcó el inicio de la investigación en **Procesamiento del Lenguaje Natural (NLP)**.

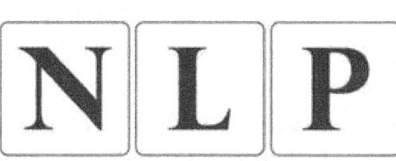

- **Representación del conocimiento**: los investigadores se propusieron encontrar formas de almacenar y manipular información para que las máquinas pudieran "razonar" y "aprender" de la misma manera en que los seres humanos lo hacemos. Este objetivo implicó el desarrollo de métodos para que las máquinas tuvieran una estructura interna de conocimiento que facilitara el proceso de toma de decisiones.

- **Aprendizaje automático (Machine Learning)**: otro objetivo fundamental fue el de permitir que las máquinas pudieran aprender de su experiencia. Se buscaba desarrollar algoritmos que permitieran a las máquinas mejorar su rendimiento y tomar decisiones más precisas con el tiempo, sin necesidad de reprogramación manual.

- **Automatización de tareas y resolución de problemas complejos**: los investigadores deseaban que las máquinas pudieran resolver problemas complejos que tradicionalmente requerían inteligencia humana, como resolver ecuaciones matemáticas, jugar al ajedrez y tomar decisiones estratégicas. Esto sentó las bases para los algoritmos de **búsqueda y optimización**.

ⓘ Ejemplo

Durante el Dartmouth Project, se planteó que una máquina pudiera jugar al ajedrez contra un humano, ya que este tipo de juego requiere estrategia, memoria y capacidad de anticipación. Décadas después, esta idea evolucionó hasta crear Deep Blue, el primer sistema de IA en vencer a un campeón mundial de ajedrez en 1997.

- **Simulación de redes neuronales**: aunque los primeros avances en redes neuronales ocurrieron antes del Dartmouth Project, este evento revitalizó el interés en estudiar modelos inspirados en el funcionamiento del cerebro humano. Se comenzaron a desarrollar algoritmos que imitaban la forma en que las neuronas se conectan y comunican, lo cual daría lugar al desarrollo de las **redes neuronales artificiales**.

El Dartmouth Summer Research Project no solo dio origen al término "Inteligencia Artificial", sino que también impulsó a una nueva generación de científicos y tecnólogos a dedicarse a esta área emergente. La colaboración interdisciplinaria en el evento, sumada a la financiación que comenzó a fluir a proyectos de IA, fue clave para que en las décadas siguientes se produjeran algunos de los desarrollos más importantes en este campo.

Algunas consecuencias duraderas del Dartmouth Project incluyen:

▶ **Desarrollo de los primeros programas de IA**: a partir de los objetivos definidos en Dartmouth, surgieron los primeros programas informáticos que intentaban simular procesos de pensamiento humano, como el "Logic Theorist" (1955), diseñado para demostrar teoremas matemáticos, y "ELIZA" (1966), uno de los primeros chatbots que intentaba imitar una conversación humana.

▶ **Definición de subcampos dentro de la IA**: los objetivos planteados en Dartmouth marcaron las primeras divisiones dentro del campo de la IA, generando áreas especializadas como el **aprendizaje automático**, el **procesamiento del lenguaje natural** y la **robótica**, cada una con sus propios desafíos y metas.

▶ **Consolidación de la IA como disciplina científica**: tras el Dartmouth Project, la IA comenzó a consolidarse como un campo de estudio legítimo y prometedor. Universidades y centros de investigación crearon programas y laboratorios especializados, y las grandes empresas tecnológicas comenzaron a invertir en el desarrollo de tecnologías de IA.

ⓘ **Reflexión**

¿Cuáles eran los límites de las expectativas en la época del Dartmouth Project?

Si bien el Dartmouth Project fue un gran impulso para la IA, también generó expectativas muy elevadas. Los científicos creían que en unas pocas décadas podrían replicar plenamente la inteligencia humana, lo cual resultó ser un desafío mucho mayor de lo previsto. Sin embargo, esta ambición inicial sirvió como catalizador para innovaciones que siguen evolucionando hasta hoy.

Tras el impulso inicial del **Dartmouth Summer Research Project on Artificial Intelligence** en 1956, la década de los años 50 y 60 fue testigo de un período de entusiasmo y grandes expectativas en torno al desarrollo de la **Inteligencia Artificial**. Durante esta fase, los investigadores lograron algunos avances significativos que demostraron el potencial de la IA y sentaron las bases para el progreso futuro. Esta etapa inicial de la IA fue caracterizada por la creación de los primeros **programas de IA** y el desarrollo de **algoritmos de búsqueda** que permitieron a las máquinas realizar tareas previamente consideradas exclusivas de los seres humanos. Estos primeros programas de IA fueron:

▶ **Logic Theorist (1955)**. Uno de los primeros programas de IA fue el **Logic Theorist**, desarrollado por **Allen Newell** y **Herbert A. Simon** en 1955. Este programa se diseñó para demostrar teoremas matemáticos, específicamente los del libro *Principia Mathematica* de Whitehead y Russell. El Logic Theorist se considera el primer programa que fue capaz de simular aspectos del razonamiento humano, ya que podía resolver problemas y demostrar teoremas por su cuenta.

ⓘ Ejemplo

El Logic Theorist logró demostrar 38 de los primeros 52 teoremas de Principia Mathematica, y en un caso particular incluso encontró una prueba más elegante que la formulada por los propios autores. Esto demostró que la IA tenía el potencial para abordar problemas complejos y superar el rendimiento humano en ciertas tareas.

▸ **General Problem Solver (1957)**. Newell y Simon también desarrollaron el **General Problem Solver (GPS)**, un programa que podía resolver problemas de lógica y matemáticas. El GPS estaba diseñado para simular el proceso de resolución de problemas de un ser humano mediante el uso de una serie de reglas generales. Aunque limitado en sus aplicaciones, el GPS fue pionero en el concepto de **algoritmos heurísticos**, que permiten a una máquina seleccionar caminos óptimos para llegar a una solución.

▸ **ELIZA (1966)**. Uno de los primeros programas que intentó simular una conversación humana fue **ELIZA**, desarrollado por **Joseph Weizenbaum** en el MIT. ELIZA se diseñó como un chatbot que imitaba la respuesta de un psicoterapeuta mediante el procesamiento de palabras clave en las respuestas del usuario:

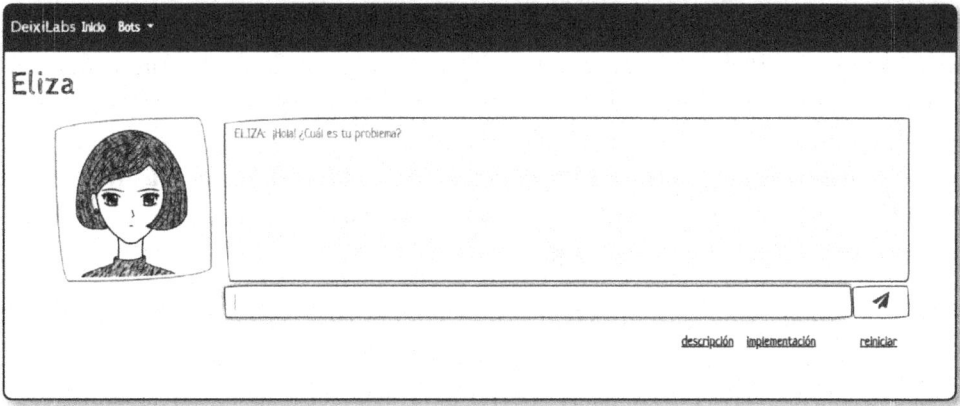

Aunque ELIZA no tenía una comprensión real del lenguaje, el programa demostró que era posible crear una simulación convincente de diálogo humano con reglas simples.

(i) **Reflexión**

¿Es suficiente la simulación para considerar "inteligente" a una máquina?

Aunque ELIZA simulaba una conversación coherente, muchos argumentan que no puede considerarse "inteligente" ya que su funcionamiento se basaba en patrones de palabras sin comprensión real del contexto. Sin embargo, ELIZA sentó las bases para el desarrollo de la IA en el procesamiento del lenguaje natural, mostrando cómo las máquinas pueden interactuar de manera convincente con los usuarios.

Durante esta primera etapa, los investigadores se centraron en el desarrollo de **algoritmos de búsqueda** que permitieran a las máquinas tomar decisiones informadas. Los algoritmos de búsqueda son fundamentales para la IA, ya que facilitan la selección de la mejor solución entre múltiples opciones, un proceso clave en juegos de estrategia, optimización y resolución de problemas. Algunos de los avances importantes fueron:

- ▶ **Algoritmo de búsqueda en árboles (Tree Search).** Los científicos desarrollaron algoritmos que permitían a las máquinas explorar "árboles de decisiones", donde cada nodo representa una posible acción o decisión. Al evaluar diferentes opciones y calcular la mejor ruta, estos algoritmos permitieron a las máquinas ejecutar estrategias en juegos de ajedrez y resolver problemas complejos. Este avance fue importante para el desarrollo de sistemas de IA aplicados a juegos y otras áreas de toma de decisiones.

▶ **Aprendizaje supervisado**. Durante esta etapa, los investigadores experimentaron con el **aprendizaje supervisado**, un método que permite entrenar a la IA utilizando un conjunto de datos etiquetados. En el aprendizaje supervisado, una máquina aprende a identificar patrones a partir de ejemplos concretos, lo cual es esencial para tareas como la clasificación y el reconocimiento de patrones.

ⓘ Ejemplo

Un sistema de IA entrenado en aprendizaje supervisado podría identificar imágenes de gatos y perros después de recibir múltiples ejemplos de ambos, aprendiendo a diferenciar características específicas de cada animal.

Los avances en algoritmos de búsqueda, aprendizaje supervisado y los primeros programas de IA demostraron que era posible crear sistemas que simularan aspectos del razonamiento humano. Estos logros atrajeron la atención de científicos y tecnólogos e inspiraron a una nueva generación de investigadores interesados en expandir los límites de la Inteligencia Artificial.

Esta primera era de la IA dejó un legado duradero en el campo, destacando tanto su potencial como las limitaciones tecnológicas que debían superarse para lograr una Inteligencia Artificial funcional y efectiva. A partir de aquí, el campo de la IA enfrentaría una serie de retos que llevarían al primer "invierno de la IA" en la década de 1970, un período en el que la financiación y el interés disminuyeron significativamente, debido en gran parte a la brecha entre las expectativas iniciales y las capacidades tecnológicas reales.

Tras los primeros desarrollos en IA durante los años 50 y 60, el entusiasmo inicial comenzó a desvanecerse en la década de 1970, dando lugar al primer **"invierno de la IA"**. Este término se refiere a un período de desilusión, marcado por una drástica disminución de la financiación y el interés en la investigación de IA. Durante este tiempo, las limitaciones técnicas, junto con las expectativas no cumplidas, llevaron a gobiernos y organizaciones a reconsiderar sus inversiones en este campo. Las causas del primer invierno de la IA fueron las siguientes:

▶ **Expectativas exageradas y promesas incumplidas**: las décadas anteriores estuvieron llenas de optimismo y promesas sobre las capacidades de la IA. Los investigadores predijeron que, en pocos años, las máquinas serían capaces de realizar tareas complejas como el reconocimiento de voz, la traducción de idiomas y la comprensión del lenguaje natural. Sin embargo, la tecnología de la época no estaba preparada para enfrentar desafíos de tal magnitud. La brecha entre las expectativas y los logros reales generó desilusión entre los inversores y las agencias gubernamentales que financiaban los proyectos de IA.

ⓘ Reflexión

¿De qué manera afectaron las expectativas infladas a la percepción de la IA?

Las expectativas infladas crearon una visión distorsionada sobre las posibilidades de la IA, lo que generó un impacto negativo en la reputación del campo cuando estas promesas no se cumplieron. La lección de esta experiencia ha sido la necesidad de un enfoque más realista y gradual en la investigación y aplicación de la IA.

▶ **Limitaciones tecnológicas**: la tecnología de los años 70 era limitada en términos de **capacidad de procesamiento**, **almacenamiento** y **acceso a datos**. La mayoría de los algoritmos de IA de la época requerían enormes cantidades de datos y procesamiento, que los ordenadores disponibles no podían manejar eficientemente. Además, el **hardware** era costoso y poco eficiente, lo cual dificultaba el desarrollo de aplicaciones prácticas de IA.

ⓘ Ejemplo

Los sistemas de visión por computadora de la época tenían un rendimiento muy bajo, ya que los procesadores eran incapaces de manejar la cantidad de información necesaria para analizar imágenes en tiempo real. Esto llevó a que el desarrollo de la visión por computadora y otras áreas de IA quedaran en suspenso hasta el avance de los microprocesadores en las décadas siguientes.

▶ **Problemas con el procesamiento de lenguaje natural (NLP)**: aunque en los años 60 surgieron los primeros intentos de procesar el lenguaje humano, como ELIZA, los sistemas de NLP carecían de una verdadera comprensión del significado detrás de las palabras. Los investigadores pronto se dieron cuenta de que el procesamiento del lenguaje natural requería una enorme capacidad de almacenamiento y análisis de contexto, lo cual estaba fuera del alcance de las computadoras de la época.

ⓘ Nota

Las limitaciones en el procesamiento del lenguaje natural hicieron evidente que la IA debía avanzar en la representación del conocimiento y el aprendizaje semántico para comprender mejor los matices del lenguaje humano, algo que no sería posible hasta décadas después.

▶ **Evaluaciones gubernamentales y el informe Lighthill (1973)**: en 1973, el matemático británico **James Lighthill** publicó un informe para el gobierno del Reino Unido en el que evaluaba el estado de la investigación en IA. El **informe Lighthill** concluyó que la IA solo había sido útil en problemas de poca relevancia y de poca aplicación práctica, y no justificaba la inversión en investigaciones de IA a largo plazo. Este informe tuvo un impacto devastador, ya que provocó una reducción significativa en la financiación gubernamental en el Reino Unido y otros países.

ⓘ Reflexión

¿Fue justa la crítica del informe Lighthill sobre la IA?

Aunque el informe Lighthill reflejó algunas limitaciones reales de la tecnología, también ignoró los logros de la IA en áreas específicas. Sin embargo, su influencia ayudó a que el campo adoptara una postura más prudente en cuanto a la viabilidad de la Inteligencia Artificial en aplicaciones reales.

▶ **Competencia con otros campos de investigación**: durante esta época, otros campos de investigación como la robótica comenzaron a avanzar rápidamente.

Estos campos ofrecían aplicaciones más tangibles y resultados inmediatos, lo cual los hizo más atractivos para las empresas y los gobiernos que buscaban resultados aplicables y comercializables en el corto plazo.

Durante las décadas de 1980 y 1990, la **Inteligencia Artificial** experimentó un resurgimiento gracias al desarrollo de los **sistemas expertos**, programas diseñados para simular el conocimiento y la toma de decisiones en áreas específicas. Estos sistemas lograron recuperar el interés y la inversión en la IA, ya que demostraron ser útiles en diversas aplicaciones prácticas, especialmente en sectores como la medicina, la industria y las finanzas. La aparición de los sistemas expertos marcó un cambio en el enfoque de la IA: en lugar de buscar una inteligencia general, los investigadores comenzaron a especializarse en problemas concretos, lo cual incrementó la viabilidad y aplicabilidad de sus desarrollos.

Los sistemas expertos son programas de IA diseñados para imitar la capacidad de un experto humano en un área específica. Estos sistemas funcionan a través de dos componentes clave:

▶ **Base de conocimiento**: contiene la información especializada, reglas y hechos relevantes para el campo en el que el sistema opera.

▶ **Motor de inferencia**: es el mecanismo que permite al sistema aplicar reglas y tomar decisiones o resolver problemas basándose en los datos de la base de conocimiento.

Los sistemas expertos fueron particularmente útiles en áreas donde las decisiones podían basarse en reglas claras y definidas, como el diagnóstico médico, la gestión de inventarios y el control de calidad en la manufactura. Algunos ejemplos de sistemas expertos destacados fueron:

▶ **MYCIN (1972-1975)**: uno de los primeros sistemas expertos aplicados a la medicina, diseñado para diagnosticar infecciones bacterianas y recomendar tratamientos basados en reglas. Aunque se desarrolló antes del auge de los sistemas expertos, MYCIN mostró cómo un sistema basado en reglas podía ofrecer diagnósticos precisos y ayudar en la toma de decisiones médicas.

▶ **DENDRAL (1965-1980)**: un sistema experto desarrollado en la Universidad de Stanford que se diseñó para ayudar a los químicos en el análisis de estructuras moleculares. DENDRAL interpretaba datos de espectrometría de masas para predecir la estructura de compuestos orgánicos, una tarea que normalmente requería la experiencia de un químico especializado.

▶ **XCON/R1 (1980)**: creado por Digital Equipment Corporation (DEC), este sistema experto se diseñó para configurar sistemas informáticos complejos en función de las necesidades del cliente. R1 fue uno de los primeros sistemas expertos comerciales exitosos, y su éxito llevó a DEC a ahorrar millones de dólares en costos operativos.

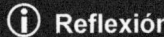 **Ejemplo**

XCON se utilizó para determinar la mejor configuración de hardware y software para las computadoras DEC VAX, teniendo en cuenta variables como el número de usuarios y las aplicaciones que el cliente deseaba ejecutar. Este sistema redujo significativamente el tiempo de configuración y minimizó errores, demostrando el valor de la IA en aplicaciones prácticas de la industria.

Los sistemas expertos proporcionaron soluciones efectivas en diversos campos, pero también tenían limitaciones significativas:

Ventajas	Limitaciones
Eficiencia y precisión: los sistemas expertos permitieron automatizar tareas complejas y repetitivas con precisión y rapidez, mejorando la productividad en diversas industrias.	**Dependencia de una base de conocimiento limitada:** los sistemas expertos solo eran tan efectivos como la calidad y cantidad de conocimiento en su base de datos. Si la información estaba incompleta o desactualizada, el sistema generaba resultados inexactos.
Transferencia de conocimiento: un sistema experto podía captar el conocimiento de un especialista y ponerlo a disposición de usuarios sin experiencia, democratizando el acceso a habilidades y conocimientos avanzados.	**Falta de adaptabilidad:** los sistemas expertos no eran capaces de aprender o adaptarse a nuevas situaciones fuera de los límites de su programación, lo cual los hacía menos útiles en entornos cambiantes.
Mejora en la toma de decisiones: facilitaban el análisis de datos complejos y ayudaban a los usuarios a tomar decisiones informadas basadas en reglas y evidencias.	**Alto costo de desarrollo y mantenimiento:** construir y mantener un sistema experto requería tiempo y recursos significativos, ya que necesitaba la colaboración de expertos humanos para codificar y actualizar el conocimiento.

ⓘ **Reflexión**

¿Son los sistemas expertos una verdadera forma de inteligencia?

Los sistemas expertos imitan el razonamiento de un especialista, pero no poseen una comprensión real o una capacidad de aprendizaje autónomo. Sin embargo, su capacidad para resolver problemas específicos de manera eficiente llevó a muchas empresas a verlos como herramientas "inteligentes" en sus operaciones.

Los sistemas expertos demostraron el valor comercial de la IA y ayudaron a cambiar la percepción de la Inteligencia Artificial como un campo puramente académico a una disciplina con aplicaciones prácticas. Gracias a los sistemas expertos, sectores como la medicina, la química y la tecnología comenzaron a adoptar herramientas de IA para optimizar procesos y mejorar la toma de decisiones. Este interés práctico incentivó a empresas y gobiernos a reinvertir en IA, especialmente en investigaciones orientadas a resolver problemas específicos.

Además, el éxito de los sistemas expertos generó un resurgimiento en el interés por el desarrollo de IA en aplicaciones comerciales, lo que llevó a avances en software especializado y a la creación de herramientas para la programación de sistemas expertos, como el lenguaje de programación **LISP** y **Prolog**.

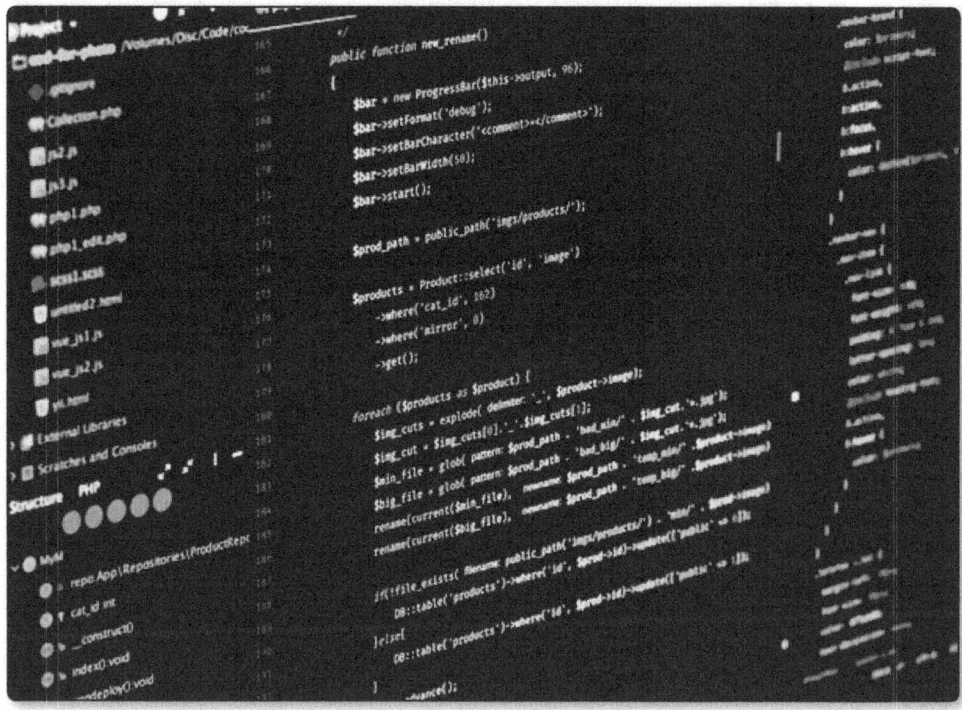

A medida que avanzaba la tecnología y la capacidad de procesamiento de las computadoras aumentaba, los investigadores comenzaron a explorar enfoques más dinámicos y adaptativos. Las limitaciones de los sistemas expertos, especialmente su falta de aprendizaje y adaptabilidad, llevaron a la investigación en **aprendizaje automático (Machine Learning)**, un campo que buscaba dotar a las máquinas de la capacidad de aprender de los datos y mejorar con el tiempo.

(i) **Saber más...**

Mientras que los sistemas expertos funcionan mediante reglas predefinidas y conocimiento estático, el aprendizaje automático utiliza datos y algoritmos para que la IA pueda aprender y adaptarse. Esta transición marcó el camino hacia las tecnologías actuales, como las redes neuronales y el aprendizaje profundo, que permiten a la IA abordar problemas complejos de manera más eficiente y autónoma.

El renacimiento de la IA impulsado por los sistemas expertos sentó las bases para futuros avances en el campo. Aunque eventualmente fueron superados por tecnologías de aprendizaje automático y redes neuronales, los sistemas expertos demostraron que la IA podía aplicarse exitosamente en la resolución de problemas reales. El concepto de **transferir conocimiento humano a una máquina** sigue siendo relevante y continúa inspirando desarrollos en IA.

El éxito de los sistemas expertos también ayudó a reducir el escepticismo en torno a la IA y estableció la confianza de empresas y gobiernos para invertir en investigaciones de IA. Este respaldo financiero y práctico en los sistemas expertos facilitó el desarrollo de tecnologías más avanzadas en las décadas siguientes, consolidando a la Inteligencia Artificial como una herramienta clave en la transformación de la industria y los negocios.

A pesar del éxito de los sistemas expertos en los años 80, el entusiasmo por la **Inteligencia Artificial** volvió a decaer a finales de esa década, dando lugar a lo que se conoce como el **segundo invierno de la IA**. Este período se caracterizó por una disminución en la financiación y el interés en el campo, debido a una combinación de expectativas insatisfechas, limitaciones tecnológicas y cambios en las prioridades de inversión.

Las causas del segundo invierno de la IA fueron:

- **Limitaciones de los sistemas expertos**: aunque los sistemas expertos lograron algunos éxitos en aplicaciones específicas, sus limitaciones también se hicieron evidentes. La falta de adaptabilidad, el alto costo de desarrollo y mantenimiento, y la dependencia de una base de conocimientos estática impidieron que estos sistemas pudieran evolucionar más allá de aplicaciones muy específicas. Esta incapacidad para aprender o adaptarse a situaciones nuevas redujo el valor de los sistemas expertos en entornos cambiantes y complejos.

(i) **Reflexión**

¿Qué enseñó el segundo invierno de la IA sobre la sostenibilidad de la tecnología?

Las limitaciones de los sistemas expertos demostraron que, para que la IA sea sostenible, debe ser flexible y capaz de aprender y adaptarse a cambios constantes. Esta lección fomentó el interés en enfoques de IA basados en aprendizaje automático en las décadas siguientes.

▶ **Expectativas no cumplidas y escepticismo**: al igual que en el primer invierno de la IA, el segundo invierno fue en parte resultado de expectativas exageradas. Los sistemas expertos prometieron una automatización avanzada en múltiples sectores, y se creyó que la IA estaba a punto de alcanzar un punto de desarrollo masivo. Sin embargo, estas predicciones no se materializaron, y tanto los gobiernos como las empresas empezaron a cuestionar la viabilidad a largo plazo de la IA. El escepticismo en torno a los sistemas expertos, unido a la falta de resultados tangibles en aplicaciones generales, llevó a que muchos inversores retiraran su apoyo financiero.

▶ **Costos elevados y complejidad en el desarrollo**: crear y mantener sistemas expertos requería la colaboración de equipos de especialistas y una gran inversión de tiempo y dinero. Los costos asociados con el desarrollo de sistemas basados en reglas y el mantenimiento de grandes bases de conocimiento fueron insostenibles para muchas empresas. Además, la necesidad de actualizaciones constantes y la falta de herramientas de automatización en el desarrollo dificultaron su expansión a nivel industrial.

(i) **Ejemplo**

En el campo de la medicina, algunos sistemas expertos, como MYCIN, demostraron ser efectivos en el diagnóstico de enfermedades infecciosas. Sin embargo, estos sistemas requerían actualización constante para mantenerse al día con los avances médicos, lo que incrementaba sus costos de mantenimiento y los hacía inviables a largo plazo.

▼ **Competencia con tecnologías emergentes**: durante los años 90, el surgimiento de otras tecnologías, como el Internet y el software de gestión empresarial, comenzó a atraer la atención de empresas y gobiernos. Estas nuevas herramientas ofrecían resultados más inmediatos y prácticas comerciales directas, lo que resultó en una desviación de recursos y un menor interés en la investigación de IA. Las tecnologías de redes y bases de datos, junto con el auge de la informática empresarial, se convirtieron en el foco de las inversiones tecnológicas.

▼ **Problemas técnicos y falta de infraestructura**: en los años 80 y 90, los avances en **hardware** aún no habían alcanzado el nivel necesario para soportar aplicaciones de IA de alta complejidad.

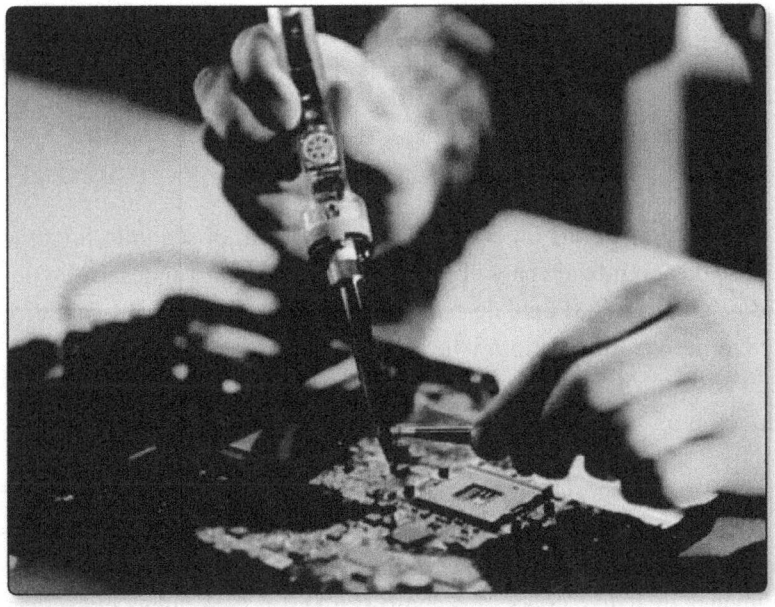

La capacidad de procesamiento y almacenamiento seguía siendo limitada, lo que restringía la capacidad de los sistemas expertos para manejar grandes volúmenes de datos y realizar cálculos avanzados. Los sistemas de IA no podían analizar datos en tiempo real o ejecutar modelos predictivos a gran escala, lo cual limitaba su aplicabilidad.

Nota

La falta de una infraestructura tecnológica adecuada frenó el desarrollo de IA durante este período. Con el tiempo, el avance en los microprocesadores, el almacenamiento y la velocidad de las redes permitiría que la IA se expandiera en aplicaciones más avanzadas.

El segundo invierno de la IA reforzó la importancia de:

▸ **Establecer expectativas realistas** en cuanto a la tecnología y sus capacidades.

▸ **Invertir en infraestructura y hardware** adecuados para soportar desarrollos avanzados de IA.

▸ **Fomentar enfoques de IA adaptativos y escalables**, que permitan a las máquinas aprender de los datos y adaptarse a nuevos entornos sin intervención constante.

A pesar de las dificultades de esta época, el segundo invierno de la IA fue una fase de aprendizaje para el campo, ya que fomentó el desarrollo de enfoques más sólidos y realistas. Al final de este período, el aprendizaje automático emergió como una alternativa prometedora y llevó a la IA hacia un renacimiento más amplio en las décadas siguientes, cuando la infraestructura y la tecnología permitieron avances significativos en aplicaciones prácticas y escalables.

Tras el segundo invierno de la IA, la década de 2000 marcó un resurgimiento en el campo de la **Inteligencia Artificial (IA)**, impulsado por los avances en **aprendizaje automático (Machine Learning)** y la disponibilidad de grandes volúmenes de datos, conocidos como **Big Data**. Esta nueva era se centró en dotar a las máquinas de la capacidad de aprender y mejorar de forma autónoma, utilizando algoritmos y técnicas que les permitieran analizar patrones en los datos y tomar decisiones basadas en ellos. La combinación de potencia computacional, nuevos algoritmos y datos masivos transformó la IA en una herramienta poderosa y versátil con aplicaciones prácticas en múltiples sectores.

Los factores clave que impulsaron el renacimiento de la IA en la década de 2000 fueron:

▶ **Disponibilidad de Big Data.** Durante los primeros años de los 2000, el crecimiento de Internet y la digitalización de procesos en todas las industrias generaron una cantidad masiva de datos accesibles para el análisis. El Big Data, o la disponibilidad de datos en grandes volúmenes, variedad y velocidad, fue importante para el aprendizaje automático, ya que permitía a los algoritmos de IA entrenarse en un número de ejemplos sin precedentes, mejorando su precisión y eficacia.

ⓘ Ejemplo

Plataformas como Amazon y Google comenzaron a acumular grandes volúmenes de datos sobre las preferencias y hábitos de sus usuarios. Con esta información, pudieron implementar algoritmos de recomendación basados en IA que personalizaban la experiencia del cliente, mostrando productos y contenidos alineados con los intereses del usuario.

▸ **Avances en el hardware y en la infraestructura de cómputo**. Los avances en el hardware, especialmente en el procesamiento gráfico (GPUs) y el almacenamiento, permitieron una capacidad de cómputo significativamente mayor que en décadas anteriores. Esto facilitó el entrenamiento de modelos de aprendizaje automático más complejos en tiempos reducidos. Además, el surgimiento de la computación en la nube hizo posible el almacenamiento y procesamiento de datos a gran escala, reduciendo costos y democratizando el acceso a los recursos computacionales necesarios para implementar IA.

▸ **Desarrollo de algoritmos de aprendizaje automático y redes neuronales**. Durante esta época, los investigadores realizaron importantes avances en los algoritmos de **aprendizaje automático**, especialmente en técnicas de **aprendizaje supervisado** y **no supervisado**. Esto permitió que la IA pasara de depender de sistemas basados en reglas a modelos que aprendían patrones y relaciones directamente de los datos. Además, los avances en **redes neuronales** y el resurgimiento del **aprendizaje profundo (Deep Learning)** permitieron que las máquinas realizaran tareas complejas, como el reconocimiento de voz e imagen, con una precisión sin precedentes.

ⓘ Reflexión

¿Hasta qué punto el aprendizaje automático dependía de la disponibilidad de datos?

Aunque los algoritmos de aprendizaje automático habían existido en teoría desde las décadas anteriores, la falta de datos limitaba su capacidad. El auge del Big Data y el avance en el hardware desbloquearon el potencial de estos algoritmos, permitiéndoles aprender con precisión y aplicarse en situaciones de la vida real.

▶ **Aumento de la inversión en IA por empresas tecnológicas.** Las grandes empresas tecnológicas, como Google, Amazon y Microsoft, comenzaron a invertir fuertemente en IA, motivadas por las aplicaciones comerciales de esta tecnología. Estas empresas impulsaron la investigación en aprendizaje automático y Deep Learning, integrando la IA en sus productos y servicios, como los motores de búsqueda, la publicidad personalizada y las plataformas de recomendación. Además, comenzaron a desarrollarse entornos y plataformas de IA accesibles al público, como **TensorFlow** y **PyTorch**, que facilitaron el trabajo de desarrolladores e investigadores.

⭐ 186k   Lanzamos la versión 2.18 de TensorFlow

Plataforma de extremo a extremo enfocada en el aprendizaje automático

Instala TensorFlow

ⓘ **Saber más...**

TensorFlow, lanzado por Google en 2015, y PyTorch, desarrollado por Facebook en 2016, son bibliotecas de código abierto que permitieron a investigadores y desarrolladores crear modelos de IA de manera accesible y flexible. Estas plataformas revolucionaron el desarrollo de IA al ofrecer herramientas avanzadas que facilitaron la creación de modelos de aprendizaje profundo.

El aprendizaje automático y el Big Data impulsaron una gran variedad de aplicaciones en múltiples sectores:

Aplicación de IA	Descripción
Motores de recomendación	Los sistemas de recomendación basados en IA se popularizaron en plataformas de comercio electrónico, redes sociales y servicios de streaming. Estos sistemas analizaban el comportamiento y las preferencias del usuario para ofrecer recomendaciones personalizadas, mejorando la experiencia del cliente y maximizando la retención y ventas.
Reconocimiento de voz e imagen	La IA avanzó significativamente en tareas de reconocimiento de voz e imagen, lo que permitió el desarrollo de tecnologías como los asistentes virtuales (ej., Siri y Alexa) y las aplicaciones de reconocimiento facial. Estas aplicaciones facilitaron la interacción humano-computadora y abrieron el camino a nuevas formas de interacción en el hogar y en el trabajo.
Procesamiento del lenguaje natural (NLP)	El procesamiento del lenguaje natural experimentó un gran avance en esta década, lo que permitió el desarrollo de chatbots y sistemas de atención al cliente automatizados. Además, se introdujeron herramientas para la traducción automática, como Google Translate, que utilizaron algoritmos de aprendizaje automático para mejorar la precisión de las traducciones y facilitar la comunicación entre idiomas.
Detección de fraudes y análisis predictivo	Los bancos y las instituciones financieras adoptaron la IA para detectar patrones de fraude en transacciones y realizar análisis predictivo de riesgos. Al analizar grandes volúmenes de datos en tiempo real, los modelos de IA podían identificar anomalías y patrones sospechosos, ayudando a reducir el riesgo de fraudes financieros.
Optimización de la cadena de suministro y logística	En el sector de la logística, la IA se aplicó para optimizar rutas de entrega, gestionar inventarios y anticipar la demanda. Estos avances mejoraron la eficiencia operativa y redujeron costos, además de facilitar la adaptación a cambios en el mercado y en la demanda.

ⓘ Ejemplo

Amazon utilizó IA para gestionar sus almacenes y optimizar las rutas de entrega, anticipando la demanda de productos según patrones de compras. Esto le permitió reducir los tiempos de entrega y mejorar la satisfacción del cliente.

A pesar del éxito de la IA durante esta década, también surgieron desafíos importantes:

- **Privacidad y ética**: la recolección y uso de grandes volúmenes de datos personales plantearon preocupaciones sobre la privacidad y la ética. Surgieron debates sobre cómo proteger la información de los usuarios y asegurar que el uso de la IA fuera transparente y justo.

- **Dependencia de datos**: los modelos de IA dependían en gran medida de la disponibilidad y calidad de los datos. Los sesgos en los datos podían llevar a decisiones erróneas o discriminatorias, planteando la necesidad de desarrollar mecanismos para mejorar la calidad y equidad de los datos utilizados.

- **Requerimientos computacionales**: los modelos de aprendizaje profundo, en particular, requerían grandes recursos computacionales y eran costosos de entrenar, lo que limitaba su accesibilidad para algunas organizaciones.

La década de 2000 consolidó la IA como una herramienta fundamental en múltiples industrias y estableció las bases para desarrollos más avanzados en los años siguientes. La popularización del aprendizaje automático y el acceso a Big Data permitieron a la IA superar las limitaciones de los sistemas expertos y abordar problemas complejos en contextos reales. La combinación de estos avances impulsó a la IA hacia un nuevo nivel de relevancia y aplicabilidad, desencadenando una ola de innovación que continúa en la actualidad.

El legado de esta era es evidente en el crecimiento de aplicaciones de IA en la vida cotidiana y en la adopción de esta tecnología en sectores como la medicina, el comercio, las finanzas y la educación, marcando el comienzo de un periodo de rápido desarrollo y expansión de la Inteligencia Artificial en el mundo moderno.

La década de 2010 fue un período transformador para la **Inteligencia Artificial (IA)**, en el que las **redes neuronales profundas (Deep Learning)** revolucionaron el campo. El **Deep Learning** permitió a la IA alcanzar niveles de precisión y eficiencia sin precedentes, habilitando aplicaciones avanzadas en reconocimiento de voz, procesamiento de imágenes, procesamiento del lenguaje natural (NLP) y otras áreas. A medida que la tecnología se volvió más accesible y los modelos más precisos, la IA se popularizó y comenzó a integrarse en la vida cotidiana y en sectores empresariales de manera más profunda.

Las claves del auge del Deep Learning en la década de 2010 fueron:

▶ **Avances en redes neuronales y el resurgimiento de Deep Learning**. Aunque las redes neuronales ya existían, la implementación de **redes neuronales profundas** –estructuras con múltiples capas que permiten a la IA procesar datos de forma jerárquica y aprender características complejas– revolucionó el campo. Modelos como **AlexNet** (2012) demostraron que el Deep Learning podía superar a los enfoques tradicionales en tareas de clasificación de imágenes, logrando un desempeño cercano al humano en problemas complejos.

ⓘ Ejemplo

AlexNet ganó el desafío ImageNet en 2012, un concurso anual de reconocimiento de imágenes, alcanzando una precisión sin precedentes. Su éxito demostró el poder de las redes neuronales profundas y marcó el comienzo del uso generalizado de Deep Learning en aplicaciones de IA.

▶ **Incremento en la capacidad de cómputo y disponibilidad de GPUs**. El desarrollo de hardware, particularmente el uso de **unidades de procesamiento gráfico (GPUs)** y **unidades de procesamiento tensorial (TPUs)**, hizo posible entrenar modelos de Deep Learning en tiempos razonables. Las GPUs, que permiten realizar cálculos en paralelo, resultaron ser ideales para el entrenamiento de redes neuronales profundas. Además, el surgimiento de las TPUs, diseñadas específicamente para aplicaciones de IA, aceleró aún más el proceso de entrenamiento.

ⓘ Nota

En 2015, Google desarrolló las TPUs para optimizar el rendimiento de sus modelos de Deep Learning en aplicaciones de gran escala, como la búsqueda en Internet y la traducción automática. Este hardware especializado permitió a las empresas procesar datos a velocidades mucho mayores, habilitando la creación de aplicaciones avanzadas de IA en tiempo real.

▶ **Disponibilidad de grandes conjuntos de datos**. El auge del Deep Learning coincidió con la disponibilidad de conjuntos de datos masivos, necesarios para entrenar modelos de IA complejos. Conjuntos de datos como **ImageNet**, que contiene millones de imágenes etiquetadas, hicieron posible que los modelos de Deep Learning aprendieran patrones detallados y realizaran tareas como la clasificación de imágenes con alta precisión.

▶ **Plataformas y bibliotecas de código abierto**. El lanzamiento de bibliotecas y plataformas de código abierto como **TensorFlow** (Google, 2015) y **PyTorch** (Facebook, 2016) facilitó el acceso a herramientas avanzadas de Deep Learning. Estas plataformas permitieron que investigadores, estudiantes y empresas pudieran experimentar y desarrollar aplicaciones de IA sin necesidad de crear sus propios modelos y algoritmos desde cero.

ⓘ Reflexión

¿Cómo contribuyó el código abierto a la expansión del Deep Learning?

La adopción de un enfoque de código abierto permitió que la IA se democratizara, facilitando la colaboración y el avance del conocimiento en la comunidad científica. Esto también aceleró el ritmo de innovación en el campo, ya que investigadores de todo el mundo podían contribuir a mejorar y optimizar las herramientas de Deep Learning.

Las principales aplicaciones del Deep Learning en la década de 2010 fueron:

▶ **Reconocimiento de voz y asistentes virtuales.** Las redes neuronales profundas permitieron grandes avances en el reconocimiento de voz, lo que llevó al desarrollo de asistentes virtuales como **Siri**, **Alexa** y **Google Assistant**. Estos sistemas pueden procesar y comprender el lenguaje hablado, permitiendo a los usuarios interactuar con sus dispositivos mediante comandos de voz:

▶ **Procesamiento del lenguaje natural (NLP) y generación de texto.**
El Deep Learning revolucionó el **procesamiento del lenguaje natural**,
permitiendo la creación de modelos capaces de realizar traducción
automática, generación de texto y análisis de sentimientos con alta
precisión. Modelos como **BERT** (Bidirectional Encoder Representations
from Transformers) de Google y **GPT** de OpenAI permitieron a las
máquinas comprender el contexto y generar lenguaje coherente, lo que
mejoró la interacción entre humanos y máquinas.

ⓘ Ejemplo

GPT-2 y GPT-3, desarrollados por OpenAI, fueron modelos de generación de texto que
mostraron una capacidad impresionante para producir texto coherente y relevante en
función de entradas de usuario. Esto abrió nuevas posibilidades en campos como la
redacción de contenido, la atención al cliente y la asistencia en tareas administrativas.

▶ **Reconocimiento de imágenes y visión por computadora**. El Deep
Learning también transformó el campo de la **visión por computadora**,
lo que facilitó el desarrollo de aplicaciones de reconocimiento facial,
clasificación de objetos y vehículos autónomos. Empresas como Tesla y
Waymo aplicaron redes neuronales profundas para entrenar sistemas de

conducción autónoma capaces de interpretar y reaccionar ante el entorno en tiempo real.

▶ **Medicina y diagnóstico asistido por IA**. En el sector de la salud, el Deep Learning se aplicó para mejorar el diagnóstico de enfermedades mediante el análisis de imágenes médicas, como radiografías y resonancias magnéticas. Modelos de IA capacitados en grandes conjuntos de datos médicos ayudaron a los médicos a detectar patrones en las imágenes que podrían pasar desapercibidos para el ojo humano, facilitando diagnósticos tempranos y precisos.

ⓘ Saber más...

Varios estudios han demostrado que los modelos de IA pueden identificar cánceres en imágenes de mamografía y tomografía con una precisión similar a la de un radiólogo experimentado, ayudando en la detección temprana y en la reducción de diagnósticos falsos negativos.

▶ **Industria de entretenimiento y motores de recomendación**. Plataformas de streaming como **Netflix**, **Spotify** y **YouTube** utilizaron redes neuronales profundas para optimizar sus motores de recomendación, ofreciendo contenido personalizado en función de los intereses y comportamientos de los usuarios. Esto mejoró la experiencia del usuario y aumentó la retención de clientes.

A pesar de sus éxitos, el auge del Deep Learning también planteó desafíos importantes, especialmente en términos de **ética y privacidad**:

▶ **Privacidad de datos**: el entrenamiento de modelos de Deep Learning a menudo requiere datos personales, lo que plantea preocupaciones sobre la protección de la privacidad de los usuarios. Las empresas y los gobiernos se enfrentan a desafíos sobre cómo garantizar que los datos se recopilen y usen de manera ética.

▷ **Sesgos en los modelos**: el Deep Learning depende de los datos para aprender. Si los conjuntos de datos utilizados contienen sesgos, los modelos resultantes pueden heredar y amplificar esos sesgos, lo que puede tener consecuencias graves en aplicaciones como la justicia penal y la selección de personal.

▷ **Explicabilidad y transparencia**: los modelos de redes neuronales profundas suelen funcionar como "cajas negras", lo que significa que sus procesos internos no son fácilmente comprensibles para los humanos. Esta falta de transparencia plantea problemas de confianza y responsabilidad, especialmente en aplicaciones críticas como el diagnóstico médico o la toma de decisiones financieras.

ⓘ Reflexión

¿Es necesario que los modelos de IA sean explicables para su implementación en aplicaciones críticas?

La explicabilidad de la IA es fundamental en aplicaciones donde la seguridad y la responsabilidad son clave. La capacidad de comprender por qué un modelo toma ciertas decisiones permite a los profesionales evaluar y corregir el modelo en caso de errores, lo que es esencial para su aceptación y uso ético.

A partir de 2020, la **Inteligencia Artificial (IA)** ha continuado evolucionando rápidamente, destacándose la **IA Generativa** como una de las áreas de mayor innovación y aplicación. La IA generativa utiliza modelos avanzados, como las redes neuronales profundas y los transformers, para crear contenido nuevo, desde texto y música hasta imágenes y vídeos. Esta capacidad ha ampliado considerablemente el alcance y las posibilidades de la IA en áreas creativas, empresariales y científicas, marcando el inicio de una nueva era en la que las máquinas no solo analizan y responden, sino que también crean.

Los factores clave que impulsan la IA Generativa son:

▸ **Transformers y modelos avanzados de lenguaje**. Los modelos de **transformers** han revolucionado el procesamiento de lenguaje natural (NLP) y han dado lugar a algunos de los avances más impresionantes en IA generativa. Modelos como **GPT-3** y **GPT-4** de OpenAI, **DALL-E**, y **Stable Diffusion** utilizan arquitecturas de transformers para generar texto, imágenes y otros tipos de contenido a partir de instrucciones de usuario, conocidas como **prompts**. Estos modelos han demostrado que la IA puede producir contenido coherente, relevante e incluso creativo.

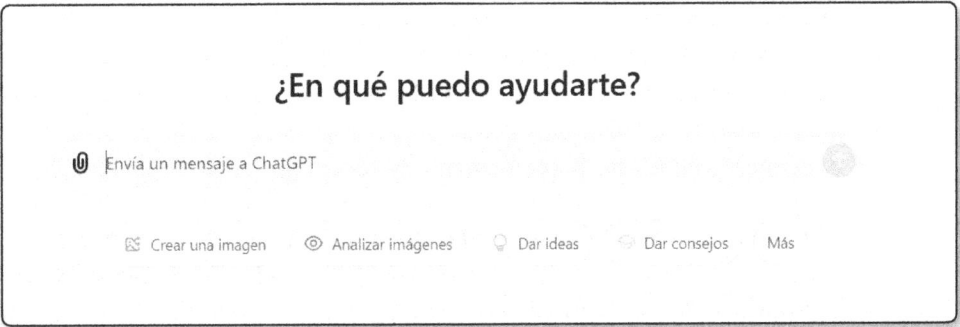

¿En qué puedo ayudarte?

⬮ Envía un mensaje a ChatGPT

🖼 Crear una imagen   ◎ Analizar imágenes   ♡ Dar ideas   Dar consejos   Más

---

ⓘ Ejemplo

GPT-3 y GPT-4 pueden generar texto que responde a preguntas, escribe ensayos o crea historias, mientras que DALL-E y Stable Diffusion generan imágenes a partir de descripciones textuales, abriendo oportunidades en diseño gráfico, marketing y creación de contenido multimedia.

▶ **Capacidades multimodales y modelos de propósito general**. A diferencia de los modelos anteriores que se especializaban en una sola tarea, los modelos de IA contemporáneos están diseñados para operar en múltiples modalidades, es decir, pueden procesar y generar tanto texto como imágenes y, en algunos casos, incluso video y audio. Este enfoque multimodal permite una integración de tareas más fluida, posibilitando, por ejemplo, que un modelo pueda describir imágenes, responder preguntas sobre ellas o generar una respuesta en texto y en gráficos.

ⓘ **Reflexión**

¿Es la multimodalidad la clave para una IA verdaderamente general?

La capacidad de trabajar con múltiples tipos de datos podría acercar a la IA a un estado de "inteligencia general artificial", en el que los sistemas sean capaces de adaptarse y realizar diversas tareas de manera integrada, imitando de forma más completa las capacidades humanas.

▶ **Avances en eficiencia computacional y reducción de costos**. La escalabilidad y el alto costo de entrenamiento de los modelos generativos ha sido un desafío, pero avances recientes han reducido significativamente los costos. El desarrollo de nuevas arquitecturas, optimizaciones y hardware especializado como las **TPUs** ha hecho posible que los modelos de IA generativa sean más accesibles, permitiendo que incluso startups y pequeñas empresas implementen esta tecnología en sus operaciones.

▶ **Disponibilidad de datos y plataformas de IA como servicio**. El crecimiento de plataformas de IA como **OpenAI API**, **Google Cloud AI** y **Azure AI** ha facilitado el acceso a modelos generativos avanzados. Estas plataformas permiten que empresas de diversos tamaños accedan a las capacidades de IA generativa sin necesidad de entrenar sus propios modelos, democratizando así su uso.

ⓘ **Saber más...**

Los servicios de IA como Azure AI, Google Cloud y OpenAI API ofrecen capacidades de IA generativa listas para su uso en aplicaciones, permitiendo a las empresas integrar modelos avanzados en sus sistemas sin necesidad de contar con un equipo de científicos de datos o de construir infraestructuras de IA propias.

Las principales aplicaciones de la IA Generativa en la actualidad son las siguientes:

▶ **Creación de contenido y marketing**. La IA generativa se ha vuelto una herramienta esencial en marketing y creación de contenido, permitiendo a las empresas generar imágenes, textos y anuncios personalizados a gran escala. Esta capacidad es especialmente útil en la personalización de campañas de marketing y en la producción de contenido para redes sociales y otros medios.

▶ **Asistencia en diseño y creatividad**. Herramientas de IA generativa como DALL-E y Stable Diffusion permiten a los diseñadores crear conceptos visuales rápidamente, generando ideas y bocetos a partir de instrucciones simples:

La IA también facilita el diseño colaborativo, en el que los creativos pueden guiar a la IA para ajustar o refinar el contenido, acelerando así los flujos de trabajo en áreas como el diseño gráfico, la ilustración y la moda.

▶ **Generación de texto y chatbots avanzados**. Modelos como GPT-4 han llevado la generación de texto a un nuevo nivel, con aplicaciones en la creación de chatbots avanzados, asistentes virtuales y generación de documentos. Estos sistemas permiten a las empresas ofrecer atención al cliente automatizada, redactar informes o crear contenido escrito de manera autónoma y eficiente.

➤ **Simulación y creación de entornos virtuales**. En la industria del entretenimiento y los videojuegos, la IA generativa se usa para crear entornos y personajes. Las empresas pueden utilizar IA para desarrollar escenarios de juegos, crear diálogos o generar avatares, haciendo que el proceso de producción de videojuegos y simulaciones sea más rápido y accesible.

➤ **Investigación científica y descubrimiento de medicamentos**. En el sector de la biomedicina, la IA generativa ayuda a simular y analizar estructuras moleculares, lo que facilita el descubrimiento de nuevos fármacos y tratamientos médicos. Modelos como AlphaFold de DeepMind han sido capaces de predecir la estructura de proteínas, ayudando a los científicos a avanzar en la comprensión de enfermedades y en el desarrollo de terapias.

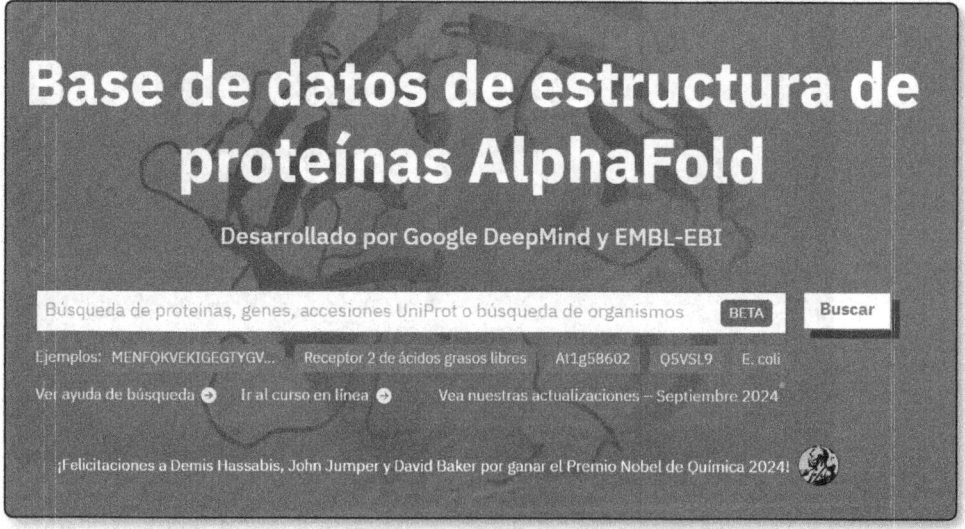

ⓘ Ejemplo

AlphaFold logró predecir las estructuras de casi todas las proteínas humanas, un logro que anteriormente hubiera requerido décadas de investigación en laboratorios. Esta innovación promete revolucionar el campo de la biomedicina y acelerar la creación de tratamientos efectivos para enfermedades complejas.

Aunque la IA generativa ha traído avances significativos, también plantea desafíos y preocupaciones éticas:

▶ **Problemas de derechos de autor y plagio**: la IA generativa puede crear obras derivadas que se asemejan a creaciones existentes, lo cual plantea cuestiones sobre los derechos de autor y la originalidad. La regulación de los contenidos generados por IA sigue siendo un tema de debate, especialmente en industrias como la música y el diseño.

▶ **Desinformación y generación de contenido falso**: la IA generativa puede utilizarse para crear contenido falso, como noticias, imágenes y vídeos manipulados. Esto plantea riesgos en términos de desinformación y el potencial uso de "deepfakes" en campañas de desinformación o ciberacoso.

▶ **Impacto en el empleo**: a medida que la IA generativa automatiza tareas creativas y de contenido, existe la preocupación de que ciertos empleos en áreas como la redacción, el diseño y la atención al cliente puedan verse amenazados. La transición hacia un entorno laboral en el que la IA sea colaboradora y no reemplazo de los humanos es uno de los retos éticos clave en esta área.

ⓘ Reflexión

¿Hasta qué punto deberían las creaciones de la IA generativa reconocerse como propias?

Las creaciones de IA plantean interrogantes sobre la autoría y los derechos sobre el contenido generado. En algunos casos, podría ser necesario reconocer que la IA no es el creador original, sino una herramienta de apoyo para el ser humano. Este enfoque podría ayudar a establecer un marco ético para el uso de la IA en sectores creativos.

El desarrollo de la IA generativa continúa avanzando y se proyecta que será cada vez más relevante en múltiples sectores:

▶ **Integración en la vida cotidiana y en la industria**: a medida que los modelos generativos mejoran, es probable que se integren en más aspectos de la vida diaria, desde asistentes personales avanzados hasta herramientas de productividad que automatizan tareas complejas.

▸ **Colaboración hombre-máquina en la creatividad**: en el futuro, la IA generativa podría facilitar una colaboración aún más estrecha entre humanos y máquinas, donde la creatividad humana se potencie con la capacidad de la IA para generar ideas y conceptos rápidamente, manteniendo siempre el control y la supervisión humana.

▸ **Desarrollo de regulaciones y marcos éticos**: a medida que la IA generativa se expande, es probable que se desarrollen leyes y normativas para regular su uso, proteger los derechos de los creadores humanos y asegurar que la IA se utilice de manera ética y responsable.

1.3 TIPOS DE INTELIGENCIA ARTIFICIAL

La **Inteligencia Artificial (IA)** ha evolucionado en diferentes niveles y tipos, cada uno de los cuales presenta capacidades, aplicaciones y limitaciones específicas. A medida que el campo de la IA ha avanzado, los investigadores han desarrollado clasificaciones para diferenciar las capacidades de los distintos sistemas de IA en función de su complejidad y alcance. Esta clasificación permite comprender mejor el potencial y las aplicaciones de la IA, así como sus limitaciones en relación con la inteligencia humana.

En primer lugar, tenemos una **clasificación de la IA en función de su capacidad:**

IA Débil (Narrow AI)

La IA débil, también conocida como **IA estrecha o específica**, es el tipo de Inteligencia Artificial diseñado para realizar una tarea específica de manera eficiente, pero sin capacidad de adaptación ni entendimiento de otras áreas. Este tipo de IA se centra en funciones limitadas y es incapaz de aprender o realizar tareas fuera de su ámbito de especialización. La IA débil es la forma de IA más común en la actualidad, y la encontramos en aplicaciones como el reconocimiento de voz, los sistemas de recomendación y los chatbots.

ⓘ **Ejemplo**

Los asistentes virtuales como Siri y Alexa son ejemplos de IA débil, ya que están programados para responder a preguntas y ejecutar tareas específicas, pero no pueden realizar actividades fuera de sus funciones programadas.

Aunque la IA débil es limitada en comparación con otros tipos de IA, ha demostrado ser extremadamente útil y versátil en sectores como el comercio, la atención al cliente y el entretenimiento.

IA Fuerte (Strong AI)

La **IA fuerte** se refiere a un tipo de Inteligencia Artificial que posee habilidades cognitivas similares a las de los humanos, incluyendo la capacidad de **razonar**, **comprender** y **aprender de manera autónoma**. La IA fuerte, en teoría, sería capaz de aplicar su inteligencia en múltiples dominios y adaptarse a nuevas tareas sin necesidad de reprogramación. A diferencia de la IA débil, la IA fuerte sería consciente y capaz de realizar cualquier tarea intelectual que un humano pueda hacer.

Aunque la IA fuerte es un concepto teórico en la actualidad, su desarrollo representa el objetivo de la Inteligencia Artificial general (AGI), en la cual las máquinas tendrían una comprensión y una adaptabilidad similares a las de los humanos.

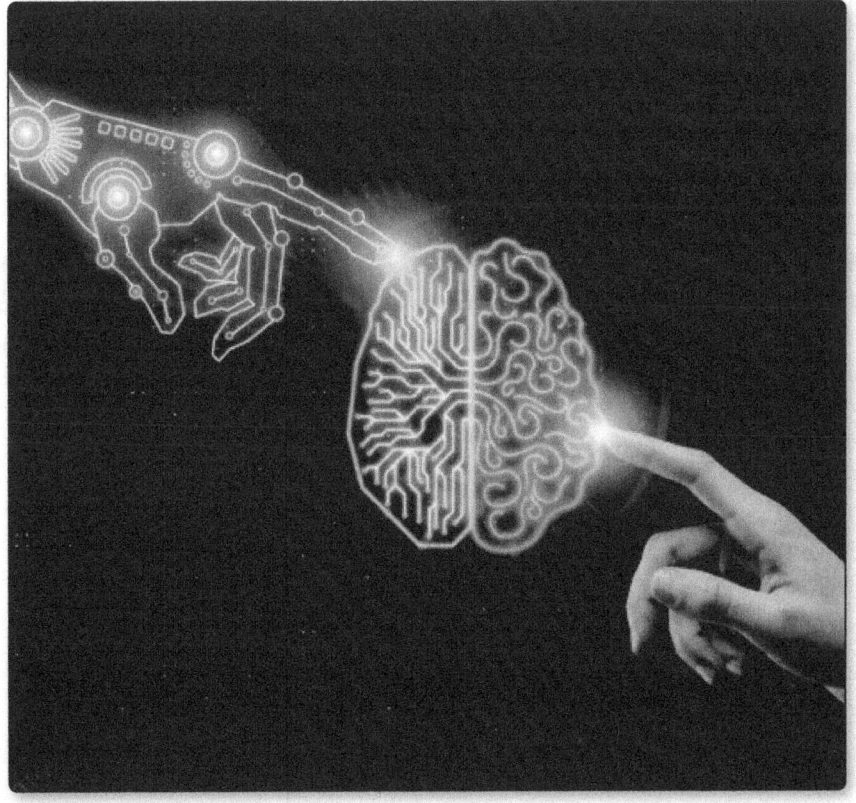

Reflexión

¿Es posible que la IA fuerte alcance el nivel de conciencia humana?

Aún no se sabe si los sistemas de IA podrán alcanzar algún día un nivel de conciencia similar al humano. La IA fuerte plantea cuestiones filosóficas y éticas profundas, como la naturaleza de la conciencia y el papel de la IA en la sociedad.

Superinteligencia Artificial (Artificial Superintelligence o ASI)

La **superinteligencia Artificial** es una hipotética forma de IA que supera la capacidad cognitiva de los seres humanos en todos los aspectos, incluyendo la creatividad, la resolución de problemas y las habilidades sociales. Este tipo de inteligencia es un tema de especulación y debate entre los científicos, ya que implica que la IA no solo iguale, sino que supere las capacidades humanas. La ASI podría ser capaz de desarrollar conocimientos científicos avanzados, realizar investigaciones complejas y tomar decisiones a una velocidad y precisión inalcanzables para los humanos.

Aunque la superinteligencia es un concepto teórico, su posible desarrollo plantea preguntas críticas sobre el control, la ética y las implicaciones de una inteligencia que podría actuar y tomar decisiones por sí misma, sin necesidad de supervisión humana.

(i) **Saber más...**

La superinteligencia representa tanto una promesa como un riesgo. Algunos investigadores creen que una IA con superinteligencia podría resolver problemas complejos en áreas como la medicina y el cambio climático, mientras que otros advierten sobre los riesgos de perder el control sobre sistemas de IA con un nivel de autonomía superior al humano.

Tipo de IA	Descripción	Ejemplo	Características Clave
IA Débil (Narrow AI)	Diseñada para una tarea específica, sin adaptabilidad.	Asistentes virtuales. (Siri, Alexa)	Limitada a un ámbito, sin capacidad de aprender fuera de su función.
IA Fuerte (Strong AI)	Inteligencia similar a la humana, capaz de razonamiento y aprendizaje autónomo.	Concepto teórico de AGI.	Inteligencia general y adaptable en múltiples dominios.
Superinteligencia (ASI)	Supera la capacidad humana en todos los aspectos cognitivos.	Hipotética y especulativa.	Habilidades cognitivas avanzadas, potencial para tomar decisiones complejas.

Por otro lado, podemos clasificar la IA **según su funcionalidad y adaptabilidad.** Esta clasificación se basa en cómo los sistemas de IA aprenden y responden a los datos y el entorno. En este caso, diferenciamos:

IA reactiva

La **IA reactiva** es la forma más básica de Inteligencia Artificial, diseñada para responder a estímulos específicos de acuerdo con un conjunto de reglas predeterminadas. Este tipo de IA no tiene memoria ni capacidad para aprender de experiencias pasadas, por lo que no puede adaptarse a nuevas situaciones. Las máquinas con IA reactiva solo pueden realizar una serie limitada de tareas y no almacenan información sobre interacciones anteriores.

ⓘ **Ejemplo**

Deep Blue, el famoso programa de ajedrez de IBM, es un ejemplo de IA reactiva. Deep Blue podía evaluar posiciones y tomar decisiones de juego en función de las reglas del ajedrez, pero no tenía la capacidad de aprender de partidas anteriores ni de adaptarse a nuevas estrategias.

La IA reactiva es útil en tareas que requieren un alto grado de precisión en situaciones controladas, pero su falta de adaptabilidad la limita en entornos más complejos.

IA con memoria limitada

La **IA con memoria limitada** es una forma de Inteligencia Artificial que puede almacenar información temporalmente y aprender de experiencias recientes. Esto permite a la IA tomar decisiones en función de datos pasados, lo cual la hace más avanzada que la IA reactiva. La mayoría de los sistemas de IA actuales, como los vehículos autónomos y los asistentes virtuales, utilizan memoria limitada para mejorar su rendimiento en tiempo real y adaptarse mejor a su entorno.

> **ⓘ Ejemplo**
>
> Los vehículos autónomos emplean IA con memoria limitada, ya que necesitan analizar y responder a la información en tiempo real sobre otros vehículos y peatones. Además, estos sistemas pueden utilizar datos de interacciones previas para optimizar sus rutas y mejorar la seguridad.

Teoría de la Mente

La **Teoría de la Mente** es un tipo de IA avanzada que, en teoría, podría comprender y responder a las emociones, creencias e intenciones de los seres humanos. Este concepto se inspira en la teoría de la mente humana, la cual se refiere a la capacidad de los humanos para entender que otros tienen pensamientos, emociones y deseos diferentes de los propios. Una IA con teoría de la mente podría predecir y adaptarse a las necesidades emocionales y sociales de las personas, facilitando una interacción más natural y efectiva.

> **ⓘ Nota**
>
> Aunque actualmente no existen sistemas de IA que puedan implementar completamente la teoría de la mente, en el futuro podrían desarrollarse asistentes virtuales que comprendan el estado emocional de los usuarios y adapten sus respuestas en consecuencia, mejorando así la interacción humano-computadora.

IA Autoconsciente

La **IA Autoconsciente** representa el nivel más avanzado de Inteligencia Artificial, en el que una máquina tendría conciencia de sí misma y podría comprender sus propios estados mentales y emociones. Una IA autoconsciente podría desarrollar una percepción de su existencia, lo cual le permitiría tomar decisiones basadas en su entorno, y en sus objetivos e intereses personales. Aunque este tipo de IA es actualmente teórico, su desarrollo plantea cuestiones éticas y filosóficas complejas.

> **ⓘ Nota**
>
> La autoconsciencia en IA es un tema puramente especulativo en la actualidad, pero la posibilidad de que una máquina desarrolle un sentido de identidad propia plantea interrogantes profundos sobre la naturaleza de la conciencia y las implicaciones de convivir con sistemas conscientes.

Si se lograra desarrollar una IA autoconsciente, sería necesario redefinir aspectos fundamentales sobre los derechos y la responsabilidad de las máquinas, además de plantearse cuál sería el rol de los humanos en un mundo con sistemas que poseen una forma de conciencia propia.

1.4 APLICACIONES ACTUALES DE LA INTELIGENCIA ARTIFICIAL

La **Inteligencia Artificial (IA)** se ha convertido en una herramienta fundamental en diversos sectores, transformando la manera en que las empresas operan y mejorando la calidad de vida en la sociedad. Las aplicaciones actuales de la IA abarcan desde el análisis de datos y la automatización de procesos hasta la personalización de servicios y la asistencia en la toma de decisiones complejas. A continuación, se describen algunas de las aplicaciones más relevantes de la IA en la actualidad, destacando su impacto en diferentes áreas.

IA en el comercio y el marketing

▸ **Motores de recomendación.** Los motores de recomendación son una de las aplicaciones más populares de la IA en el comercio electrónico y el marketing digital. Estos sistemas analizan el comportamiento y las preferencias de los usuarios para ofrecer recomendaciones personalizadas, lo cual mejora la experiencia del cliente y maximiza las conversiones y ventas.

> **ⓘ Ejemplo**
>
> Plataformas como Amazon y Netflix utilizan motores de recomendación para sugerir productos y contenido relevante a sus usuarios, lo que aumenta el tiempo de permanencia y la satisfacción del cliente.

▶ **Publicidad personalizada**. La IA permite segmentar el mercado de forma precisa y personalizar los anuncios para llegar a audiencias específicas en el momento adecuado. Mediante el análisis de datos de comportamiento y el aprendizaje automático, los anunciantes pueden adaptar sus campañas para maximizar el impacto y el retorno de inversión.

ⓘ Ejemplo

Google Ads utiliza IA para optimizar la entrega de anuncios, mostrando contenido relevante a cada usuario según sus intereses y actividades recientes.

▶ **Análisis predictivo de demanda**. Los sistemas de IA permiten a las empresas predecir la demanda de productos y servicios con mayor precisión, lo que optimiza la gestión del inventario y la planificación de la cadena de suministro. Este enfoque reduce los costos de almacenamiento y mejora la eficiencia operativa.

ⓘ Ejemplo

Empresas minoristas utilizan IA para prever la demanda en distintas temporadas, ajustando el inventario y evitando la sobreproducción.

IA en la atención al cliente

▶ **Chatbots y asistentes virtuales**. Los chatbots impulsados por IA permiten a las empresas automatizar la atención al cliente, ofreciendo respuestas rápidas y precisas a consultas frecuentes. Esto reduce la carga de trabajo del personal humano y mejora la experiencia del cliente al ofrecer asistencia 24/7.

ⓘ **Ejemplo**

Empresas como H&M y Sephora utilizan chatbots en sus sitios web y aplicaciones para ayudar a los clientes a encontrar productos y resolver dudas.

▷ **Análisis de sentimientos y retroalimentación**. La IA en el procesamiento del lenguaje natural (NLP) permite analizar las opiniones de los clientes en redes sociales, reseñas y encuestas, evaluando el sentimiento detrás de cada comentario. Este análisis ayuda a las empresas a entender la percepción de sus productos y servicios y realizar mejoras estratégicas.

ⓘ **Ejemplo**

Herramientas de análisis de sentimientos, como MonkeyLearn, permiten a las empresas procesar grandes volúmenes de opiniones y ajustar sus estrategias de marketing en función de los comentarios de los clientes.

IA en la salud y medicina

▶ **Diagnóstico asistido por IA**. Los sistemas de IA en salud permiten analizar grandes volúmenes de datos médicos, como imágenes radiológicas, para detectar enfermedades de manera temprana y precisa. Esto facilita el diagnóstico y mejora los resultados en tratamientos, especialmente en áreas como la radiología y la oncología.

ⓘ **Ejemplo**

La IA se utiliza en el diagnóstico de cáncer de mama mediante la detección de anomalías en mamografías, ayudando a los radiólogos a identificar signos tempranos de la enfermedad.

▶ **Desarrollo de medicamentos**. La IA acelera el descubrimiento y desarrollo de nuevos fármacos mediante el análisis de estructuras moleculares y simulaciones de interacciones biológicas. Esta tecnología permite a los investigadores identificar rápidamente posibles tratamientos y realizar pruebas virtuales, acortando el tiempo necesario para llevar un medicamento al mercado.

ⓘ **Ejemplo**

Empresas como DeepMind y Pfizer utilizan IA para identificar moléculas potenciales y estudiar su efectividad en el tratamiento de diversas enfermedades.

▼ **Asistentes médicos y monitoreo remoto**. Los asistentes de IA pueden ayudar a los médicos en la toma de decisiones clínicas y facilitar el seguimiento remoto de los pacientes, especialmente en el caso de enfermedades crónicas. Los dispositivos con IA también permiten monitorear en tiempo real los signos vitales de los pacientes y alertar a los profesionales médicos ante posibles complicaciones.

ⓘ **Ejemplo**

Wearables como el Apple Watch y otros dispositivos de monitoreo permiten controlar la salud de los pacientes y enviar datos a los médicos para un monitoreo remoto continuo.

IA en la industria y manufactura

▼ **Mantenimiento predictivo**. La IA permite predecir fallos en máquinas y equipos antes de que ocurran, analizando patrones y datos históricos de funcionamiento. Esto ayuda a las empresas a programar el mantenimiento y evitar tiempos de inactividad no planificados, lo que optimiza la productividad y reduce costos.

ⓘ **Ejemplo**

En la industria automotriz, empresas como General Motors utilizan IA para monitorear sus líneas de producción y anticipar la necesidad de mantenimiento.

▼ **Automatización de procesos**. La robótica y la IA han transformado la manufactura mediante la automatización de tareas repetitivas, como el ensamblaje de piezas y la inspección de calidad. Los robots impulsados por IA pueden trabajar de manera más precisa y rápida que los humanos, mejorando la eficiencia de las fábricas.

ⓘ **Ejemplo**

Las fábricas de Tesla emplean robots impulsados por IA en sus líneas de producción para ensamblar vehículos con mayor rapidez y precisión.

▶ **Control de calidad**. La visión artificial, una rama de la IA, se utiliza para identificar defectos y asegurar que los productos cumplan con los estándares de calidad. Las cámaras y algoritmos de visión por computadora permiten la inspección continua de los productos en las líneas de producción.

ⓘ **Ejemplo**

En la industria de alimentos, la IA se utiliza para verificar la calidad de productos mediante cámaras que detectan defectos en tiempo real.

IA en el transporte y la movilidad

▶ **Vehículos autónomos**. La IA en el transporte se ha centrado en el desarrollo de vehículos autónomos que pueden navegar y tomar decisiones en tiempo real. Mediante el uso de sensores, cámaras y algoritmos de aprendizaje automático, los vehículos autónomos pueden operar de forma segura en entornos dinámicos, como el tráfico urbano.

ⓘ **Ejemplo**

Tesla y Waymo están liderando el desarrollo de vehículos autónomos capaces de circular sin intervención humana.

▶ **Optimización de rutas**. La IA permite optimizar las rutas de transporte y entrega, reduciendo costos y tiempos de desplazamiento. Esto es fundamental en sectores de logística y servicios de entrega, donde una ruta eficiente permite aumentar la velocidad de entrega y reducir el impacto ambiental.

ⓘ **Ejemplo**

Amazon utiliza IA para planificar rutas de entrega, optimizando el tiempo y la distancia recorrida por sus vehículos.

▼ **Sistemas de tráfico inteligente**. Las ciudades inteligentes están integrando la IA en sus sistemas de gestión de tráfico para reducir la congestión y mejorar la movilidad urbana. Los sistemas de tráfico inteligente pueden ajustar los semáforos en tiempo real y gestionar el flujo vehicular según las condiciones del momento.

ⓘ **Ejemplo**

En ciudades como Los Ángeles, los sistemas de IA se utilizan para gestionar los semáforos y mejorar la circulación en horas pico.

IA en finanzas

- **Detección de fraudes**. La IA permite identificar patrones de comportamiento inusuales en las transacciones, ayudando a detectar fraudes en tiempo real. Los algoritmos de IA en bancos y servicios financieros analizan miles de transacciones por segundo para prevenir fraudes y proteger a los clientes.

> **ⓘ Ejemplo**
>
> Instituciones financieras como HSBC y PayPal utilizan IA para detectar actividades fraudulentas y bloquear transacciones sospechosas.

- **Asesoría financiera y gestión de inversiones**. Los algoritmos de IA ayudan a los inversores y asesores financieros a tomar decisiones informadas basadas en el análisis de grandes volúmenes de datos financieros. Los sistemas de IA pueden predecir tendencias en el mercado y gestionar carteras de inversión, ofreciendo recomendaciones personalizadas.

> **ⓘ Ejemplo**
>
> Robo-advisors como Betterment y Wealthfront utilizan IA para ayudar a los usuarios a gestionar sus inversiones de forma automatizada y personalizada.

- **Automatización de tareas bancarias**. La IA en la banca ha permitido automatizar tareas administrativas, como la aprobación de créditos y la verificación de documentos, agilizando los procesos y mejorando la experiencia del cliente. Esto permite que el personal bancario se enfoque en tareas de mayor valor.

> **ⓘ Ejemplo**
>
> Bancos como BBVA emplean IA para analizar solicitudes de crédito y verificar documentación, reduciendo el tiempo de procesamiento de los trámites.

2

BENEFICIOS DEL USO DE LA IA EN VENTAS

La Inteligencia Artificial (IA) ha transformado el sector de las ventas, proporcionando herramientas avanzadas para mejorar la experiencia del cliente, personalizar la oferta de productos y optimizar la gestión de inventarios y la logística. En el contexto de las ventas, la IA permite a las empresas predecir el comportamiento del cliente, mejorar la precisión en la segmentación de mercado y automatizar tareas, aumentando la eficiencia y generando oportunidades de crecimiento.

2.1 IMPULSO DE LAS VENTAS EN EL COMERCIO TRADICIONAL CON EL USO DE LA IA

El comercio tradicional ha experimentado una revitalización gracias a la IA, que le ha permitido optimizar los procesos y mejorar la relación con los clientes. A través de herramientas basadas en IA, los comercios pueden ofrecer una experiencia de compra personalizada, gestionar el inventario de forma eficiente y mejorar la eficiencia operativa. Los siguientes son algunos de los principales beneficios que la IA aporta a las ventas en el comercio tradicional:

> **Personalización de la experiencia del cliente**. La IA permite analizar los datos de los clientes para entender sus preferencias y hábitos de compra. Esto permite ofrecer recomendaciones personalizadas y promociones específicas que mejoran la experiencia de compra y fomentan la lealtad del cliente. En el comercio tradicional, la IA puede ayudar a predecir qué productos recomendar a los clientes, personalizando las interacciones en la tienda y en el punto de venta.

ⓘ Ejemplo

Una tienda de ropa puede utilizar un sistema de IA para identificar los estilos preferidos de cada cliente, sugiriendo prendas que se alineen con sus gustos en base a compras anteriores. Esto aumenta la satisfacción del cliente e incrementa la probabilidad de venta.

> **Optimización de inventarios**. La IA permite predecir la demanda de productos de manera más precisa, ayudando a los comercios a mantener un inventario adecuado. Esto evita la falta de stock en productos populares y reduce el exceso de inventario en productos de baja demanda, lo cual ahorra costos y mejorar la eficiencia operativa.

ⓘ Ejemplo

En el comercio de alimentos, la IA puede analizar las ventas pasadas para predecir la demanda en función de variables como la temporada o el clima, asegurando que los productos perecederos estén disponibles sin acumularse en exceso.

▶ **Atención al cliente mejorada a través de chatbots y asistentes virtuales**. En el comercio tradicional, la IA se utiliza para automatizar ciertos aspectos de la atención al cliente mediante el uso de **chatbots** y **asistentes virtuales**. Estas herramientas permiten a los comercios responder preguntas frecuentes, orientar a los clientes dentro de la tienda y brindar información sobre productos en tiempo real, mejorando la experiencia del cliente y liberando tiempo para el personal.

ⓘ **Ejemplo**

Un supermercado puede implementar un asistente virtual en quioscos o en la aplicación móvil de la tienda, permitiendo a los clientes buscar productos, obtener recomendaciones o consultar disponibilidad sin tener que esperar asistencia del personal.

▶ **Análisis predictivo de comportamiento del cliente**. La IA permite analizar patrones de compra y tendencias de comportamiento de los clientes, ayudando a los comercios a predecir cuándo y qué tipo de productos probablemente se venderán más. Esta capacidad predictiva permite que los comercios adapten sus estrategias de venta y de inventario a las demandas fluctuantes del mercado.

ⓘ Ejemplo

Una tienda minorista puede utilizar IA para identificar productos que tienden a venderse más en determinadas épocas del año y organizar sus estrategias de marketing en torno a esos picos de demanda, optimizando las promociones y ofertas especiales.

▼ **Optimización de precios mediante análisis de mercado en tiempo real**. Los sistemas de IA pueden monitorear el mercado y los precios de los competidores en tiempo real, permitiendo a los comercios ajustar sus precios de forma dinámica para maximizar las ventas. Esta estrategia de **precios dinámicos** es particularmente útil en el comercio tradicional, donde las ventas pueden verse afectadas por la competencia y las fluctuaciones en la demanda.

ⓘ Ejemplo

Una tienda de productos electrónicos puede utilizar IA para ajustar los precios de ciertos productos en función de la demanda y los precios de la competencia, asegurando que el precio sea competitivo y atractivo para los clientes.

▼ **Gestión eficiente de la cadena de suministro**. La IA mejora la gestión de la cadena de suministro al anticipar las necesidades de inventario y optimizar las rutas de distribución, lo que reduce los costos y garantiza la disponibilidad de productos. Esto es particularmente importante en el comercio tradicional, donde la falta de ciertos productos puede afectar la fidelidad del cliente.

ⓘ Ejemplo

Una tienda de muebles puede usar IA para coordinar los tiempos de entrega y optimizar las rutas de distribución, asegurando que los productos lleguen a tiempo sin acumulaciones innecesarias en los almacenes.

- **Automatización de procesos administrativos**. La IA permite automatizar procesos administrativos como la gestión de pedidos, el control de inventarios y la facturación, reduciendo la carga de trabajo para el personal y disminuyendo la probabilidad de errores. Esto permite a los empleados dedicar más tiempo a la atención directa al cliente y a tareas de valor agregado.

ⓘ Ejemplo

Una cadena de farmacias puede automatizar el proceso de facturación y actualización de inventarios con IA, mejorando la precisión y eficiencia en la gestión diaria de la tienda.

2.2 ANÁLISIS DE CASOS DE ÉXITO DE EMPRESAS QUE IMPLEMENTARON LA IA EN SU ACTIVIDAD

La implementación de la **Inteligencia Artificial (IA)** ha permitido a diversas empresas mejorar su eficiencia, ofrecer servicios personalizados y optimizar procesos clave en sus operaciones. A continuación, se presentan algunos casos de éxito de empresas que han logrado resultados significativos mediante el uso de IA en diferentes áreas de su actividad. Estos casos ejemplifican cómo la IA puede adaptarse a múltiples sectores y cómo su adopción estratégica puede generar una ventaja competitiva en el mercado.

Caso 1: Amazon y sus motores de recomendación

Amazon ha sido pionero en el uso de IA para personalizar la experiencia de compra de sus usuarios. Su motor de recomendaciones, impulsado por IA, analiza el comportamiento de los usuarios, sus compras pasadas y sus búsquedas para sugerir productos que probablemente les interesen. Esta estrategia de personalización ha sido clave en la retención de clientes y en el incremento de las ventas.

Amazon utiliza **algoritmos de aprendizaje automático** y técnicas de **análisis de patrones** para mejorar la precisión de sus recomendaciones. Esto permite que el sistema se adapte continuamente a los cambios en las preferencias de los clientes y a las tendencias de compra.

Los resultados obtenidos han sido:

▶ Incremento en el promedio de ventas y del valor de cada carrito de compra.

▶ Mejor experiencia de usuario, con recomendaciones relevantes que aumentan la satisfacción.

▶ Fidelización de clientes, gracias a una experiencia de compra personalizada y atractiva.

ⓘ **Lección**

La personalización mediante IA en comercio electrónico es una herramienta poderosa para maximizar las ventas, y Amazon demuestra cómo una estrategia de recomendaciones personalizada puede tener un impacto positivo en los ingresos y en la satisfacción del cliente.

Caso 2: Netflix y su personalización de contenido

Netflix ha implementado IA para optimizar la personalización de contenido, sugiriendo series y películas en función de los intereses y patrones de visualización de cada usuario. Esta tecnología también permite optimizar las miniaturas y descripciones que ve cada usuario, presentando contenido de una manera más atractiva.

La **IA basada en redes neuronales** y **algoritmos de filtrado colaborativo** permite a Netflix analizar grandes volúmenes de datos sobre el comportamiento de sus usuarios, identificando patrones de visualización y preferencias específicas para ofrecer recomendaciones altamente personalizadas.

Los resultados obtenidos han sido:

▸ Incremento en el tiempo de visualización promedio por usuario.

▸ Reducción de la tasa de cancelación de suscripciones, gracias a una experiencia personalizada.

▸ Optimización de su catálogo, enfocando la inversión en la producción y adquisición de contenido con alta probabilidad de éxito entre sus usuarios.

> ### ⓘ Lección
>
> La IA en plataformas de streaming demuestra cómo la personalización puede incrementar la retención de usuarios, optimizando el contenido y la experiencia para adaptarse mejor a las preferencias individuales.

Caso 3: Tesla y el desarrollo de vehículos autónomos

Tesla ha aplicado IA en el desarrollo de sus vehículos autónomos, incorporando sistemas de IA que permiten al coche tomar decisiones en tiempo real, basadas en la interpretación de datos recogidos por cámaras y sensores. Esta tecnología permite la conducción autónoma y facilita una conducción más segura.

Tesla utiliza **aprendizaje profundo** y **visión artificial** para analizar el entorno y tomar decisiones de conducción en tiempo real. Los algoritmos de IA de Tesla son capaces de adaptarse y mejorar a medida que procesan más datos de conducción, aprendiendo de los comportamientos de los usuarios y de otros vehículos.

Los resultados obtenidos han sido:

▶ Mejora en la seguridad del conductor mediante el uso de sensores de IA que detectan posibles obstáculos y situaciones de riesgo.

▶ Capacidad de adaptación y aprendizaje continuo, con mejoras constantes a través de actualizaciones de software.

▶ Ventaja competitiva en el sector de la automoción, gracias a la innovación en conducción autónoma y tecnologías de seguridad.

> ### ⓘ Lección
>
> La implementación de IA en la industria automotriz muestra cómo el aprendizaje automático puede mejorar la seguridad, la eficiencia y la experiencia del usuario, permitiendo el desarrollo de tecnología avanzada como los vehículos autónomos.

Caso 4: Sephora y el asesor virtual en cosmética

La cadena de cosméticos Sephora ha implementado un asesor virtual impulsado por IA que ayuda a los clientes a encontrar productos que se adapten a sus necesidades. A través de la tecnología de IA, el asesor puede recomendar productos específicos según las preferencias y tipo de piel de cada cliente, mejorando la experiencia de compra en tiendas físicas y en línea.

Sephora utiliza **algoritmos de recomendación y procesamiento de lenguaje natural (NLP)** para personalizar la experiencia del cliente en tiempo real. La IA analiza los datos introducidos por el cliente y sugiere productos con base en su historial y en su tipo de piel.

Los resultados obtenidos han sido:

▶ Aumento de las ventas al personalizar las recomendaciones de productos para cada cliente.

▶ Mejora en la experiencia del cliente, que recibe asistencia personalizada sin la necesidad de interactuar con un vendedor.

▶ Creación de una experiencia de compra integrada y adaptativa en tienda física y en línea.

ⓘ Lección

Los asistentes virtuales impulsados por IA mejoran la experiencia de compra en sectores como la cosmética, proporcionando recomendaciones precisas y aumentando la probabilidad de conversión en ventas.

Caso 5: Google y la optimización de sus sistemas de publicidad

Google Ads utiliza IA para optimizar sus sistemas de publicidad, gestionando millones de anuncios de manera automatizada y adaptativa. La IA permite personalizar los anuncios para cada usuario en función de su comportamiento en línea, lo que incrementa la relevancia de la publicidad y su efectividad.

Google emplea **aprendizaje automático y análisis de comportamiento** para ajustar en tiempo real la segmentación de anuncios y la asignación de presupuesto. Estos sistemas permiten que los anunciantes optimicen sus campañas, alcanzando a audiencias específicas en el momento oportuno.

Los resultados obtenidos han sido:

- ▶ Aumento del retorno de inversión (ROI) para los anunciantes, al mostrar anuncios relevantes a audiencias adecuadas.

- ▶ Reducción de costos publicitarios, gracias a la optimización en tiempo real.

- ▶ Mejora en la experiencia de usuario al recibir contenido publicitario relevante y no intrusivo.

ⓘ Lección

La IA en publicidad digital maximiza el impacto de las campañas y optimiza el uso del presupuesto, permitiendo una personalización que beneficia tanto a anunciantes como a usuarios.

Caso 6: IBM y Watson en el diagnóstico médico

IBM Watson ha revolucionado el sector médico mediante el análisis de datos para facilitar diagnósticos y recomendaciones de tratamiento. Watson procesa y analiza enormes cantidades de datos médicos, incluyendo estudios clínicos y registros de pacientes, para ayudar a los médicos en la toma de decisiones.

IBM Watson utiliza **algoritmos de procesamiento de lenguaje natural y aprendizaje profundo** para analizar datos complejos y presentar opciones de diagnóstico y tratamiento. Su capacidad para analizar grandes volúmenes de datos médicos permite a los profesionales de la salud acceder rápidamente a información relevante y basada en evidencia.

Los resultados obtenidos han sido:

▸ Mejora en la precisión y velocidad del diagnóstico, especialmente en enfermedades complejas como el cáncer.

▸ Reducción de errores médicos mediante análisis exhaustivo de los datos clínicos disponibles.

▸ Optimización del proceso de atención, permitiendo a los médicos centrarse en la atención personalizada.

ⓘ Lección

La IA en el sector de la salud demuestra cómo el análisis de grandes volúmenes de datos puede mejorar la precisión y efectividad de los tratamientos, permitiendo a los médicos ofrecer una atención más informada y centrada en el paciente.

2.3 VENTAJAS COMPETITIVAS DE LA IMPLEMENTACIÓN DE LA IA EN LA PEQUEÑA EMPRESA

La **Inteligencia Artificial (IA)** ofrece a las pequeñas empresas una serie de herramientas y aplicaciones que pueden transformar su modelo de negocio, permitiéndoles competir con empresas más grandes y adaptarse mejor a las demandas del mercado. A través de la IA, las pequeñas empresas pueden optimizar procesos, mejorar la experiencia del cliente y aprovechar datos para tomar decisiones informadas, incluso con presupuestos y recursos limitados. A continuación, se exploran las principales ventajas competitivas que la IA proporciona a las pequeñas empresas.

Personalización de la experiencia del cliente

La IA permite a las pequeñas empresas personalizar sus productos y servicios de manera efectiva, creando experiencias adaptadas a las preferencias de cada cliente. Esto les ayuda a fidelizar a sus clientes y destacar en un mercado competitivo donde la personalización se ha convertido en un factor clave.

> ### ⓘ Ejemplo
> Una pequeña tienda en línea puede implementar un motor de recomendaciones personalizado que sugiera productos basados en las preferencias y el historial de compra de cada cliente, aumentando la probabilidad de venta.

Al ofrecer una experiencia personalizada, la pequeña empresa mejora la lealtad del cliente y se diferencia de competidores que no ofrecen esta adaptabilidad.

Mejora de la eficiencia operativa

La IA permite automatizar tareas repetitivas y optimizar los procesos internos, lo que reduce costos y libera tiempo para que los empleados se concentren en actividades estratégicas. En áreas como la contabilidad, la gestión de inventarios y la atención al cliente, la IA puede automatizar procesos para mejorar la eficiencia sin la necesidad de contratar más personal.

> ### ⓘ Ejemplo
> Un pequeño negocio puede utilizar IA para automatizar el inventario, gestionando el stock en tiempo real y generando alertas de reposición automáticamente, lo cual reduce la posibilidad de desabastecimiento o exceso de inventario.

La automatización de procesos permite a la pequeña empresa competir con empresas más grandes en términos de eficiencia operativa, utilizando menos recursos.

Análisis predictivo y toma de decisiones informadas

La IA permite a las pequeñas empresas analizar datos históricos y actuales para predecir tendencias y comportamientos del mercado. Este análisis predictivo les permite adaptarse rápidamente a los cambios y tomar decisiones basadas en datos, lo cual reduce el riesgo y mejora la efectividad de las estrategias empresariales.

> ### ⓘ Ejemplo
> Una pequeña tienda de ropa puede usar IA para prever la demanda de ciertos artículos en función de las tendencias estacionales y planificar sus pedidos en consecuencia, evitando tanto el exceso como la falta de stock.

La capacidad de tomar decisiones basadas en datos permite a las pequeñas empresas adaptarse rápidamente al mercado y adelantarse a las necesidades de los clientes.

Acceso a herramientas de marketing inteligente

La IA ha democratizado el acceso a herramientas avanzadas de marketing que antes estaban disponibles solo para grandes empresas. Las pequeñas empresas pueden utilizar herramientas de IA para segmentar su audiencia de forma precisa, optimizar sus campañas publicitarias y personalizar el contenido que envían a sus clientes.

> ### ⓘ Ejemplo
>
> Una cafetería local puede utilizar IA en sus campañas de marketing en redes sociales para segmentar su audiencia en función de la ubicación y los intereses, alcanzando a clientes potenciales de manera efectiva y rentable.

Con herramientas de marketing basadas en IA, las pequeñas empresas pueden realizar campañas segmentadas y personalizadas con un presupuesto reducido, maximizando el retorno de inversión.

Mejora en la atención al cliente mediante chatbots

Los chatbots impulsados por IA permiten a las pequeñas empresas ofrecer soporte al cliente de manera continua, respondiendo preguntas frecuentes y guiando a los clientes en el proceso de compra sin necesidad de personal adicional. Esta herramienta mejora la experiencia del cliente y reduce la carga de trabajo de los empleados.

> ### ⓘ Ejemplo
>
> Una pequeña empresa de comercio electrónico puede integrar un chatbot en su sitio web para responder preguntas sobre el envío, disponibilidad de productos y devoluciones, mejorando la satisfacción del cliente y aumentando la eficiencia.

Los chatbots permiten que las pequeñas empresas brinden una atención al cliente constante y de alta calidad, independientemente de sus recursos humanos.

Optimización de precios y gestión de inventarios

La IA permite a las pequeñas empresas analizar en tiempo real los precios del mercado y ajustar sus precios de manera competitiva. También facilita una gestión de inventarios eficiente, ya que ayuda a prever la demanda y a programar pedidos en el momento adecuado para evitar problemas de suministro.

ⓘ **Ejemplo**

Un minorista local de electrónica puede utilizar IA para ajustar sus precios en función de la demanda y los precios de los competidores, manteniéndose competitivo en el mercado y maximizando sus márgenes de beneficio.

La optimización de precios y la gestión de inventarios permiten a las pequeñas empresas reducir costos y mantener un precio atractivo, aumentando su competitividad en el mercado.

Acceso a herramientas de IA a bajo costo

Las plataformas de IA como **Google Cloud AI**, **Amazon Web Services (AWS)** y **Microsoft Azure** han democratizado el acceso a la IA, ofreciendo soluciones escalables y asequibles para las pequeñas empresas. Esto permite que incluso las empresas con presupuestos limitados accedan a herramientas avanzadas de IA y compitan en igualdad de condiciones con empresas más grandes.

ⓘ Ejemplo

Una pequeña empresa de desarrollo de aplicaciones puede utilizar las API de IA en la nube para integrar funciones avanzadas de reconocimiento de voz o procesamiento de lenguaje natural sin necesidad de desarrollar sus propios modelos de IA.

La disponibilidad de herramientas de IA asequibles y escalables en la nube permite a las pequeñas empresas acceder a tecnología avanzada sin grandes inversiones.

3

FUNDAMENTOS DE LA IA APLICADA A VENTAS

La Inteligencia Artificial (IA) aplicada a ventas permite a las empresas mejorar sus procesos, optimizar el rendimiento y ofrecer experiencias personalizadas a sus clientes. Entre las técnicas más destacadas de la IA en el ámbito de ventas se encuentra el aprendizaje automático (Machine Learning), una herramienta clave para analizar grandes volúmenes de datos y generar insights valiosos que pueden guiar las estrategias de venta. Los fundamentos de la IA en ventas están centrados en el análisis de datos, la automatización de tareas, la personalización de ofertas y la predicción de tendencias, todos elementos que contribuyen a una experiencia de compra más efectiva y personalizada.

3.1 APRENDIZAJE AUTOMÁTICO EN VENTAS

El **aprendizaje automático** es una rama de la IA que permite a las máquinas aprender a partir de datos, mejorando su rendimiento y adaptándose a nuevas situaciones sin necesidad de una programación explícita para cada tarea. En el contexto de ventas, el aprendizaje automático permite analizar patrones de compra, predecir tendencias del mercado y personalizar las interacciones con los clientes, optimizando cada fase del proceso de ventas. A continuación, se describen algunas **aplicaciones clave del aprendizaje automático en ventas**:

▼ **Segmentación de clientes**. Mediante el análisis de grandes volúmenes de datos de clientes, el aprendizaje automático permite segmentar a los clientes en función de sus comportamientos, preferencias y características demográficas. Esto facilita la creación de grupos de clientes con intereses similares, lo que permite a las empresas personalizar sus campañas de marketing y adaptar sus estrategias de venta.

ⓘ **Ejemplo**

Una tienda de ropa puede utilizar aprendizaje automático para identificar grupos de clientes que prefieren estilos específicos o tendencias de moda, adaptando sus ofertas para atraer a cada segmento de forma efectiva.

La segmentación de clientes permite una mayor precisión en las campañas de marketing y ventas, maximizando la efectividad de cada interacción y aumentando la probabilidad de conversión.

▼ **Predicción de tendencias de compra**. El aprendizaje automático permite predecir cuáles productos o servicios tendrán mayor demanda en el futuro, basándose en datos históricos y en patrones de compra. Este tipo de análisis predictivo es fundamental para que las empresas ajusten su inventario, optimicen su cadena de suministro y se preparen para las demandas del mercado.

ⓘ **Ejemplo**

Un minorista de tecnología puede utilizar modelos predictivos de aprendizaje automático para anticipar un aumento en la demanda de productos electrónicos antes de las temporadas festivas, ajustando su inventario para satisfacer la demanda sin problemas de desabastecimiento.

La predicción de tendencias permite a las empresas anticiparse a la demanda del mercado, optimizando sus operaciones y reduciendo pérdidas por sobreproducción o falta de stock.

▼ **Optimización de precios**. El aprendizaje automático permite ajustar los precios en tiempo real en función de factores como la demanda, la competencia y el perfil del cliente. Esta estrategia, conocida como **precios**

dinámicos, maximiza las oportunidades de venta al establecer precios competitivos que aumentan la probabilidad de conversión y optimizan los márgenes de beneficio.

ⓘ **Ejemplo**

Una empresa de e-commerce puede ajustar el precio de un producto en función de la demanda del momento y de los precios de sus competidores, asegurando que sus precios sean siempre competitivos y atractivos para el cliente.

La optimización de precios en tiempo real ayuda a maximizar las ventas y la rentabilidad, adaptando la estrategia de precios a las condiciones actuales del mercado.

▸ **Motores de recomendación**. Los motores de recomendación son sistemas que sugieren productos o servicios a los clientes en función de sus preferencias y comportamientos pasados. Mediante el aprendizaje automático, estos sistemas identifican patrones de compra y ofrecen recomendaciones personalizadas, aumentando la probabilidad de venta.

ⓘ **Ejemplo**

Plataformas de comercio electrónico como Amazon utilizan motores de recomendación basados en aprendizaje automático para sugerir productos complementarios o similares a los que el cliente ha consultado, aumentando las posibilidades de venta cruzada y upselling.

Los motores de recomendación personalizan la experiencia del cliente, mejorando la satisfacción y aumentando la probabilidad de que los clientes realicen compras adicionales.

▸ **Análisis de satisfacción y sentimiento del cliente**. El aprendizaje automático también se utiliza para analizar el sentimiento de los clientes a partir de sus interacciones, reseñas y comentarios. Mediante el procesamiento del lenguaje natural (NLP), las empresas pueden comprender mejor las opiniones y emociones de sus clientes, detectando problemas o áreas de mejora en sus productos y servicios.

(i) **Ejemplo**

Una marca de moda puede analizar los comentarios en redes sociales y en su sitio web para identificar la percepción de sus clientes sobre una nueva línea de productos, obteniendo insights para ajustar sus estrategias de marketing.

El análisis de sentimiento permite a las empresas responder de manera proactiva a las opiniones de los clientes, mejorando su reputación y aumentando la fidelidad del cliente.

▸ **Automatización de la generación de leads y del proceso de venta.** El aprendizaje automático permite automatizar la generación y clasificación de leads (oportunidades de venta) en función de su probabilidad de conversión. Mediante el análisis de datos demográficos y de comportamiento, los sistemas de IA pueden identificar cuáles leads tienen más potencial y automatizar el contacto inicial, facilitando el trabajo del equipo de ventas.

(i) **Ejemplo**

Una empresa de software puede utilizar IA para analizar el comportamiento de sus visitantes en la página web, identificando a los leads más interesados y enviándoles contenido personalizado o asignándolos a un representante de ventas.

La automatización de la generación de leads y del proceso de venta ahorra tiempo y mejora la eficiencia, permitiendo que los equipos de ventas se concentren en las oportunidades de mayor valor.

▸ **Gestión de la relación con el cliente (CRM) optimizada por IA.** Los sistemas de gestión de relaciones con el cliente (CRM) integrados con aprendizaje automático permiten a las empresas analizar el historial de interacciones de cada cliente, identificar oportunidades de venta y mejorar la relación con el cliente a lo largo del tiempo. La IA en CRM ayuda a personalizar la comunicación y a detectar patrones de comportamiento que guían las estrategias de retención.

ⓘ **Ejemplo**

Un CRM optimizado con IA puede recomendar acciones específicas para cada cliente, como enviar promociones personalizadas o recordatorios de productos que el cliente ha mostrado interés en el pasado.

La personalización y la eficiencia en la gestión de clientes permiten fortalecer las relaciones y aumentar la fidelización, mejorando la rentabilidad a largo plazo.

3.2 PROCESAMIENTO DE LENGUAJE NATURAL EN VENTAS

El Procesamiento de Lenguaje Natural (NLP) es una rama de la IA que permite a las máquinas comprender e interpretar el lenguaje humano. En el ámbito de las ventas, el NLP se utiliza para analizar conversaciones, generar respuestas automáticas y comprender el sentimiento del cliente, lo que facilita una atención al cliente eficiente y personalizada. Mediante el NLP, las empresas pueden mejorar la experiencia del cliente, optimizar la comunicación y obtener insights valiosos para adaptar sus estrategias de ventas.

Las **principales aplicaciones del NLP en ventas** se resumen en la siguiente tabla:

Aplicación de NLP	Descripción	Beneficio
Chatbots y asistentes virtuales	Automatizan la atención al cliente, respondiendo a preguntas frecuentes.	Mejora la eficiencia y reduce los costos en atención al cliente.
Análisis de sentimiento	Analiza reseñas para comprender la percepción del cliente.	Ayuda a ajustar estrategias en base a las opiniones de clientes.
Generación automática de contenidos	Automatiza la creación de descripciones, correos y respuestas.	Aumenta la productividad y da una respuesta personalizada.
Análisis de conversaciones de ventas	Analiza interacciones de ventas para optimizar las técnicas de los representantes.	Permite mejorar la efectividad de las técnicas de venta, aumentando la conversión de oportunidades

3.3 VISIÓN POR COMPUTADORA EN VENTAS

La **visión por computadora** es una tecnología de IA que permite a las máquinas analizar y comprender imágenes y videos. En el contexto de ventas, la visión por computadora se utiliza para optimizar la experiencia de compra, mejorar la gestión de inventarios y personalizar las interacciones en tiendas físicas. Mediante el análisis de imágenes y vídeos, la visión por computadora puede identificar productos, gestionar el flujo de clientes en las tiendas y facilitar procesos automáticos que mejoran la eficiencia de las operaciones.

Las principales **aplicaciones de la visión por computadora en ventas** son las siguientes:

▸ **Gestión de inventario en tiendas físicas**. Mediante la visión por computadora, las empresas pueden automatizar el monitoreo de inventario en tiempo real, identificando productos agotados o mal colocados en las estanterías.

Esto asegura que los productos estén siempre disponibles y organizados, lo que mejora la experiencia del cliente.

> ### ⓘ Ejemplo
>
> Supermercados pueden usar cámaras con visión por computadora para identificar estantes vacíos y notificar al personal para reponer productos de inmediato.

▶ **Experiencia de compra personalizada con espejos inteligentes**. Los espejos inteligentes, equipados con visión por computadora, permiten a los clientes visualizar cómo se verían diferentes productos sin necesidad de probarlos físicamente. Esta tecnología es especialmente útil en el sector de la moda y cosmética, donde la personalización es clave.

> ### ⓘ Ejemplo
>
> Una tienda de ropa puede instalar espejos inteligentes que permiten a los clientes ver cómo les quedan distintas prendas sin tener que cambiarse, facilitando la toma de decisiones.

▶ **Análisis del comportamiento del cliente en la tienda**. La visión por computadora permite analizar los movimientos y patrones de comportamiento de los clientes en la tienda. Esto ayuda a optimizar la disposición de los productos, gestionar las colas de espera y mejorar la distribución de los espacios en función del flujo de clientes.

> ### ⓘ Ejemplo
>
> Una tienda puede utilizar cámaras de visión por computadora para analizar cuáles secciones reciben más visitas y ajustar la disposición de los productos en función de estos datos.

▶ **Checkout sin contacto (Self-checkout)**. La visión por computadora también se emplea en los sistemas de pago sin contacto, como el "self-checkout". Este sistema permite a los clientes escanear productos y pagar sin necesidad de interactuar con un cajero, lo cual agiliza el proceso de compra y reduce las colas.

ⓘ Ejemplo

Amazon Go utiliza cámaras de visión por computadora para que los clientes puedan tomar productos de las estanterías y salir de la tienda sin pasar por una caja tradicional, ya que el sistema detecta los productos seleccionados y carga el pago automáticamente.

3.4 AUTOMATIZACIÓN DE PROCESOS EN VENTAS

La **automatización de procesos en ventas** consiste en el uso de herramientas y tecnologías basadas en **Inteligencia Artificial (IA)** y **aprendizaje automático** para realizar tareas repetitivas y optimizar flujos de trabajo dentro del ciclo de ventas. Con la automatización, las empresas pueden reducir la carga de trabajo manual, mejorar la precisión en la ejecución de tareas, agilizar la comunicación y proporcionar una experiencia más eficiente tanto para el equipo de ventas como para los clientes. La automatización en ventas permite a las empresas dedicar más tiempo a las interacciones estratégicas y de alto valor, aumentando la productividad y el rendimiento general.

Las principales **aplicaciones de la automatización en el ciclo de ventas** son las siguientes:

▶ **Automatización de la generación y calificación de leads**. La IA permite automatizar la generación y calificación de leads (oportunidades de venta), identificando y priorizando aquellos contactos con mayor potencial de conversión. Mediante el análisis de datos demográficos, comportamiento en el sitio web y patrones de interacción, la IA puede clasificar a los leads en función de su probabilidad de compra, ahorrando tiempo al equipo de ventas y enfocando sus esfuerzos en las oportunidades de mayor valor.

> **ⓘ Ejemplo**
>
> Un software de automatización de ventas puede analizar los comportamientos de los visitantes en el sitio web, como la descarga de recursos o el tiempo dedicado en ciertas páginas, y clasificar automáticamente a los leads en función de su nivel de interés.

▶ **Automatización de la comunicación con el cliente**. La automatización de la comunicación permite a las empresas enviar correos electrónicos personalizados, mensajes de seguimiento y recordatorios en cada etapa del ciclo de ventas. Esto incluye el envío de correos de bienvenida, notificaciones de productos, campañas promocionales y recordatorios de citas o reuniones de ventas, todos adaptados a los intereses específicos de cada cliente.

> **ⓘ Ejemplo**
>
> Una plataforma de automatización puede enviar correos electrónicos personalizados a clientes potenciales en función de sus intereses o interacciones anteriores, como cuando un cliente agrega productos al carrito sin completar la compra.

▶ **Automatización del seguimiento postventa**. La automatización también puede extenderse al proceso postventa, realizando seguimientos automáticos para agradecer al cliente, solicitar reseñas o recomendar productos adicionales. Esto ayuda a fidelizar al cliente y a aumentar las posibilidades de ventas recurrentes y cross-selling (venta cruzada).

> **ⓘ Ejemplo**
>
> Un minorista puede configurar un sistema que envíe correos de agradecimiento después de cada compra, junto con recomendaciones de productos complementarios.

▶ **Actualización y gestión de datos en el CRM**. Los sistemas de **Customer Relationship Management (CRM)** automatizados permiten registrar y actualizar los datos de cada cliente en tiempo real, capturando información sobre sus interacciones, preferencias y comportamiento de compra. Esto asegura que el equipo de ventas tenga acceso a información precisa y actualizada sobre cada cliente, optimizando la calidad de las interacciones y facilitando la toma de decisiones informada.

ⓘ Ejemplo

Un CRM automatizado puede registrar automáticamente los correos y llamadas realizadas a un cliente, incluyendo notas sobre el resultado de cada interacción, sin necesidad de que el equipo de ventas realice la entrada manual de datos.

▶ **Automatización de la gestión de inventario y precios dinámicos**. La IA permite automatizar la gestión de inventarios y aplicar estrategias de precios dinámicos, ajustando los precios de acuerdo con la demanda, el inventario disponible y los precios de la competencia en tiempo real. Esta estrategia asegura que los precios sean siempre competitivos y que los productos estén disponibles en el momento adecuado, maximizando la rentabilidad y la eficiencia en el ciclo de ventas.

ⓘ Ejemplo

Una tienda en línea puede ajustar automáticamente el precio de un producto cuando su inventario es bajo o la demanda es alta, aprovechando los picos de interés sin necesidad de supervisión manual.

▶ **Análisis y generación automática de informes de ventas**. La automatización permite la creación de informes de ventas detallados sin la intervención manual del equipo de ventas. Mediante el análisis de datos en tiempo real, los sistemas de IA pueden generar informes que detallen el rendimiento de cada representante de ventas, el progreso de las campañas de ventas y las áreas de mejora.

ⓘ Ejemplo

Un sistema automatizado puede generar un informe semanal que muestre el rendimiento de cada vendedor, los productos más vendidos y las áreas donde se necesita mejorar la conversión.

4

RECOPILACIÓN Y PREPARACIÓN DE DATOS

En el uso de la Inteligencia Artificial (IA) aplicada a ventas, los datos son la materia prima que permite a los sistemas de IA analizar, aprender y tomar decisiones efectivas. La recopilación y preparación de datos son etapas fundamentales que aseguran la precisión y la fiabilidad de las aplicaciones de IA. Los datos, si son de calidad y bien estructurados, ofrecen insights valiosos sobre el comportamiento de los clientes, las tendencias de mercado y la eficiencia de los procesos internos, permitiendo a las empresas adaptar sus estrategias en tiempo real y mejorar sus resultados.

4.1 IMPORTANCIA DE LOS DATOS EN LA IA

En la IA, los datos no son solo cifras y registros: son el pilar sobre el que se construyen los modelos de aprendizaje automático y las aplicaciones inteligentes. Sin una base de datos sólida, la IA pierde capacidad predictiva, precisión y relevancia. La **importancia de los datos** radica en su capacidad para alimentar a los algoritmos con información relevante y actualizada, de modo que puedan ofrecer resultados precisos y eficaces.

Los algoritmos de IA necesitan datos para entrenarse, aprender patrones y realizar predicciones. Un sistema de IA que no recibe datos suficientes o adecuados tiene mayores probabilidades de producir resultados erróneos, lo que afecta la calidad de sus recomendaciones y la precisión de sus predicciones. Es importante contar con **datos variados y representativos** para que la IA pueda identificar patrones generales y adaptarse a diferentes situaciones y tipos de clientes.

ⓘ Nota

La diversidad de los datos es fundamental. Si los datos utilizados en el entrenamiento de un modelo de IA no representan adecuadamente a la audiencia o mercado objetivo, el sistema puede generar sesgos y no ofrecer resultados relevantes para todos los usuarios.

Una de las grandes ventajas de utilizar datos en IA es la capacidad de ofrecer una **experiencia personalizada** a cada cliente. Mediante el análisis de datos sobre historial de compras, preferencias y comportamiento, la IA puede hacer recomendaciones específicas, enviar mensajes personalizados y adaptar las ofertas en función de las necesidades de cada cliente. Esto mejora la experiencia de compra e incrementa las probabilidades de conversión.

> ### ⓘ Ejemplo
>
> Una tienda de ropa puede analizar el historial de compras de cada cliente y, con base en estos datos, enviarle recomendaciones personalizadas para futuras compras, como sugerencias de ropa de temporada o estilos que coincidan con sus preferencias previas.

Por otro lado, la recopilación de datos sobre la demanda de productos y las fluctuaciones de precios permite a la IA **ajustar automáticamente los precios y gestionar los inventarios** de manera más eficiente. Esto asegura que los productos populares siempre estén disponibles y que los precios sean competitivos y reflejen las condiciones actuales del mercado.

> ### ⓘ Reflexión
>
> **¿Cómo pueden las empresas equilibrar la recopilación de datos para personalizar la experiencia del cliente sin invadir su privacidad?**
>
> En un contexto donde la privacidad es cada vez más importante, las empresas deben adoptar prácticas de recopilación de datos éticas, asegurándose de obtener el consentimiento de los clientes y usar los datos de manera responsable para ofrecer valor sin comprometer la confianza del usuario.

4.2 FUENTES DE DATOS RELEVANTES PARA EL COMERCIO TRADICIONAL

La recopilación de datos en el comercio tradicional abarca varias fuentes clave que aportan información sobre el comportamiento de los clientes, las tendencias de mercado y la gestión interna. Estas fuentes son variadas y cada una aporta insights específicos para que la IA optimice sus predicciones y recomendaciones.

En primer lugar, los **datos de transacciones** son una fuente fundamental en el comercio, ya que incluyen información detallada sobre las ventas, como productos comprados, cantidades, precios y fechas. Estos datos permiten a las empresas analizar las preferencias de compra de los clientes, identificar productos populares y prever la demanda en temporadas específicas.

Por su parte, los **datos de inventario** incluyen información sobre la disponibilidad de productos, ubicaciones en estanterías y tiempos de reposición. Estos datos son esenciales para optimizar el inventario y evitar tanto el agotamiento como el exceso de stock. Al mismo tiempo, facilitan la identificación de productos que necesitan reabastecerse de manera rápida.

> ### ⓘ Nota
>
> Un sistema de IA que monitoriza el inventario en tiempo real puede reducir significativamente las pérdidas de ventas debido a productos agotados y mejorar la eficiencia en la logística, ahorrando costos de almacenamiento y transporte.

Por otro lado, los **datos de interacción** recogen información sobre cómo los clientes interactúan con la marca en tiendas físicas, en redes sociales o en la página web. Estos datos incluyen visitas, clics, tiempo de permanencia y frecuencia de compra, entre otros. Permiten comprender mejor las preferencias del cliente, adaptar los mensajes de marketing y personalizar la comunicación.

> ### ⓘ Ejemplo
>
> Un comercio minorista puede analizar los datos de visitas y clics en su sitio web para identificar qué productos generan más interés y ajustar sus promociones para resaltar esos artículos en las campañas publicitarias.

Los **datos demográficos** proporcionan detalles sobre la edad, género, ubicación geográfica e intereses de los clientes. Este tipo de información permite a las empresas segmentar su audiencia en función de sus características y ofrecer productos y promociones específicos para cada grupo.

> ### ⓘ Reflexión
>
> **¿Hasta qué punto es ético utilizar los datos demográficos para dirigir campañas de marketing?**
>
> Aunque la segmentación de mercado es una herramienta poderosa en ventas, es importante que las empresas mantengan un enfoque ético y transparente, evitando estereotipos y asegurándose de que todas las prácticas de segmentación respeten la diversidad y no discriminen.

4.3 LIMPIEZA Y PREPARACIÓN DE DATOS

La **limpieza y preparación de datos** es un proceso muy importante en la IA, ya que los datos en bruto suelen estar incompletos, contener errores o ser inconsistentes. Estos problemas pueden afectar negativamente el rendimiento de los modelos de IA, causando errores en las predicciones y en los análisis. La limpieza y preparación de datos asegura que los datos sean precisos, coherentes y útiles para el análisis, mejorando así la eficacia de la IA en la generación de resultados precisos y confiables.

Los datos en bruto pueden contener valores duplicados, entradas incorrectas, datos ausentes y valores atípicos. Si estos errores no se corrigen, los modelos de IA pueden aprender patrones incorrectos o realizar predicciones poco fiables. La limpieza de datos es esencial para asegurar la calidad de los datos y permitir que la IA aprenda de manera efectiva.

> (i) **Nota**
>
> Un estudio de IBM indica que los datos de mala calidad cuestan a las empresas hasta el 15% de sus ingresos anuales. La limpieza de datos mejora la precisión de la IA y reduce los costos y el tiempo dedicados a corregir errores posteriormente.

Los pasos en la limpieza y preparación de datos son:

1. **Detección y eliminación de duplicados**. Los datos duplicados pueden distorsionar los resultados del análisis, especialmente en grandes volúmenes de datos. La detección y eliminación de entradas duplicadas asegura que cada dato sea único y evite la sobrerrepresentación de ciertos patrones.

2. **Manejo de valores ausentes.** Los valores ausentes son comunes en los conjuntos de datos y pueden afectar el entrenamiento de los modelos. Existen diversas técnicas para manejarlos, como la imputación (rellenar los valores ausentes con la media o la mediana de la columna), eliminación de registros incompletos o uso de algoritmos específicos que manejen valores ausentes.

> **ⓘ Ejemplo**
>
> En una base de datos de ventas, si faltan valores en la columna de "ingresos por transacción", se puede imputar el valor medio de otras transacciones similares para completar los datos.

3. **Normalización y escalado de datos**. Cuando los datos contienen variables con escalas diferentes (por ejemplo, ventas anuales en miles y satisfacción del cliente en una escala del 1 al 10), es necesario normalizarlos para evitar que una variable tenga mayor influencia que otra. La normalización permite que todos los datos estén en la misma escala, mejorando el rendimiento del modelo.

4. **Identificación y tratamiento de valores atípicos.** Los valores atípicos, o outliers, pueden distorsionar los resultados de los modelos de IA. Estos valores extremos pueden deberse a errores en la recopilación de datos o a circunstancias excepcionales. El tratamiento de valores atípicos implica decidir si deben eliminarse o ajustados en función del contexto.

> **ⓘ Reflexión**
>
> **¿Cuándo es conveniente eliminar un valor atípico y cuándo debería conservarse?**
>
> Aunque los valores atípicos pueden afectar los resultados, en algunos casos reflejan datos importantes sobre eventos inusuales o tendencias emergentes. Es esencial considerar el contexto y el impacto en el análisis antes de eliminarlos.

4.4 CONSIDERACIONES ÉTICAS EN LA RECOPILACIÓN DE DATOS

La recopilación de datos en la IA plantea una serie de **consideraciones éticas** relacionadas con la privacidad, el consentimiento y el uso justo de la información. Los datos personales de los clientes pueden utilizarse para mejorar los productos y servicios, pero también existen riesgos relacionados con el abuso de datos y la invasión de la privacidad. La ética en la recopilación de datos es fundamental para mantener la confianza de los usuarios y garantizar que el uso de la IA sea transparente y respetuoso con los derechos de los individuos.

Los datos personales deben recopilarse **de manera transparente**, informando al usuario sobre el tipo de datos que se recopilan, el propósito de su uso y con quién se compartirán. El consentimiento informado es fundamental para que los usuarios se sientan cómodos con la recopilación de sus datos y tengan la opción de aceptarlo o rechazarlo.

ⓘ Nota

En muchos países, como los de la Unión Europea, la legislación de protección de datos (como el Reglamento General de Protección de Datos, GDPR) exige que las empresas obtengan el consentimiento explícito de los usuarios antes de recopilar datos personales y les permite conocer, corregir o eliminar sus datos en cualquier momento.

La **minimización de datos** implica recopilar solo la cantidad de datos que es realmente necesaria para el propósito específico. Recoger datos adicionales, aunque no sean relevantes para el análisis, puede comprometer la privacidad del usuario y aumenta el riesgo de uso indebido de la información.

ⓘ Ejemplo

Si una tienda en línea solo necesita la dirección de correo electrónico para enviar un recibo, no debería solicitar información adicional, como la ubicación física del usuario o su número de teléfono, a menos que sea estrictamente necesario.

El uso responsable de los datos implica respetar el propósito para el cual se recopilaron. Las empresas no deben utilizar los datos personales de los usuarios para fines diferentes sin su consentimiento, ni vender o compartir estos datos sin una autorización explícita.

ⓘ Reflexión

¿Deberían las empresas tener límites en la reutilización de los datos del cliente para diferentes fines de negocio?

La reutilización de los datos puede beneficiar al cliente en términos de personalización de productos y servicios. Sin embargo, es importante establecer límites y normas claras sobre el uso secundario de los datos, asegurándose de que los clientes estén siempre informados y puedan decidir cómo se utiliza su información.

Las empresas deben tomar medidas de seguridad adecuadas para proteger los datos personales de los usuarios frente a accesos no autorizados, pérdida de datos o ciberataques. La implementación de sistemas de encriptación, autenticación y monitoreo de seguridad es esencial para garantizar que los datos estén seguros.

ⓘ **Ejemplo**

Una empresa de comercio en línea puede utilizar encriptación de extremo a extremo para proteger la información de pago de sus clientes, evitando que los datos financieros sean accesibles en caso de un intento de hacking.

5

MODELADO DE DATOS Y
ENTRENAMIENTO DE MODELOS

Una vez que los datos han sido recopilados y preparados, el siguiente paso en el proceso de aplicar Inteligencia Artificial (IA) en ventas es el modelado de datos y el entrenamiento de modelos. Estos pasos son fundamentales para que la IA aprenda a identificar patrones, hacer predicciones y tomar decisiones basadas en datos. En esta fase, se eligen algoritmos que se ajusten a las necesidades de ventas, se entrenan con los datos disponibles y se validan para garantizar su precisión y eficiencia.

5.1 SELECCIÓN DE ALGORITMOS DE IA PARA VENTAS

La **selección de algoritmos** es un proceso crítico que depende de los objetivos específicos del negocio, el tipo de datos disponibles y la complejidad de las tareas de ventas. Los algoritmos de IA para ventas se utilizan en áreas como la predicción de ventas, la segmentación de clientes y la personalización de recomendaciones. Existen múltiples tipos de algoritmos que pueden aplicarse en ventas, cada uno con sus características y aplicaciones específicas:

▶ **Algoritmos de regresión**. Los algoritmos de regresión son herramientas efectivas para predecir valores numéricos, como la demanda de un producto o los ingresos proyectados. Estos algoritmos analizan la relación entre variables y permiten identificar tendencias en los datos, lo cual es útil para prever la demanda de productos y ajustar el inventario.

ⓘ Ejemplo

Un minorista puede utilizar un modelo de regresión lineal para predecir las ventas de productos en una temporada específica, considerando factores como ventas pasadas, temporada y campañas de marketing.

▶ **Algoritmos de clasificación**. Los algoritmos de clasificación son útiles para segmentar a los clientes en grupos específicos, como clientes potenciales, clientes recurrentes o clientes con alto valor de compra. Estos algoritmos ayudan a adaptar las estrategias de marketing y a identificar los grupos que requieren mayor atención.

ⓘ Ejemplo

Una tienda de moda puede emplear un modelo de clasificación para identificar clientes que tienen una alta probabilidad de repetir compras y enviarles ofertas exclusivas.

▶ **Algoritmos de clustering**. El clustering es una técnica que agrupa datos en clusters (grupos) basados en características similares. Es útil en ventas para descubrir patrones de compra en clientes sin necesidad de categorizarlos previamente. Estos algoritmos identifican clientes con comportamientos similares, lo cual permite diseñar campañas personalizadas para cada grupo.

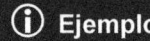

> **ⓘ Ejemplo**
>
> Una empresa de cosméticos puede utilizar clustering para identificar a los clientes que compran productos similares y crear campañas de marketing enfocadas en cada grupo de consumidores.

▶ **Redes neuronales y algoritmos de aprendizaje profundo**. Las redes neuronales y el aprendizaje profundo son especialmente útiles para tareas complejas como el análisis de sentimiento, la predicción de comportamiento de compra y la generación de recomendaciones personalizadas. Estos modelos son más complejos y requieren grandes volúmenes de datos, pero son muy efectivos en tareas que requieren un análisis profundo de patrones complejos.

> **ⓘ Ejemplo**
>
> Un sistema de recomendaciones como el de Amazon puede utilizar redes neuronales para sugerir productos específicos a cada cliente, basándose en sus preferencias y comportamientos previos.

La elección de un algoritmo no es definitiva: en muchos casos, los modelos se ajustan y combinan para optimizar los resultados. Por ejemplo, se pueden combinar algoritmos de clasificación y clustering para segmentar clientes y, luego, utilizar redes neuronales para personalizar las recomendaciones.

5.2 ENTRENAMIENTO Y VALIDACIÓN DE MODELOS

Una vez seleccionado el algoritmo adecuado, es necesario **entrenar y validar el modelo** para asegurarse de que funcione correctamente y pueda hacer predicciones precisas. El entrenamiento permite al modelo aprender de los datos históricos, mientras que la validación es un proceso de prueba que evalúa la precisión y la capacidad de generalización del modelo.

El entrenamiento del modelo implica utilizar un conjunto de datos etiquetado (es decir, datos con las respuestas correctas) para que el modelo aprenda a identificar patrones y realizar predicciones. Durante el entrenamiento, el algoritmo ajusta sus parámetros internamente para minimizar el error en sus predicciones. Existen varias técnicas para el entrenamiento de modelos:

- ▸ **Entrenamiento supervisado**. En el entrenamiento supervisado, el modelo aprende de un conjunto de datos con ejemplos etiquetados. Este método es útil para tareas como la predicción de ventas o la clasificación de clientes, donde se conocen las respuestas correctas y el modelo puede aprender a replicarlas.

- ▸ **Entrenamiento no supervisado**. En el entrenamiento no supervisado, el modelo utiliza datos sin etiquetas y busca patrones de manera autónoma. Este enfoque es útil para técnicas como el clustering, donde el objetivo es identificar grupos similares sin categorías predefinidas.

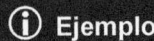
ⓘ Ejemplo

Un minorista puede usar datos de comportamiento de compra para encontrar grupos de clientes con intereses similares, sin necesidad de categorizar a los clientes previamente.

▼ **Aprendizaje semisupervisado y reforzado.** En el aprendizaje semisupervisado, solo una parte de los datos tiene etiquetas, y el modelo utiliza tanto datos etiquetados como no etiquetados para aprender. En el aprendizaje reforzado, el modelo aprende mediante la experimentación, obteniendo recompensas o penalizaciones según el resultado de sus acciones. El aprendizaje reforzado es menos común en ventas, pero puede ser útil en situaciones de optimización de precios o campañas publicitarias, donde el modelo aprende de sus decisiones y ajusta las estrategias en función de los resultados obtenidos.

Por otro lado, la **validación** permite evaluar si el modelo es preciso y si puede generalizar sus predicciones a nuevos datos. Existen diversas técnicas de validación:

▼ **División en conjuntos de entrenamiento y prueba**. El conjunto de datos se divide en dos partes: una para entrenar el modelo y otra para probarlo. Esto permite evaluar si el modelo es capaz de hacer predicciones precisas en datos que no ha visto antes.

▼ **Validación cruzada (cross-validation)**. En la validación cruzada, el conjunto de datos se divide en varios subconjuntos. El modelo se entrena en algunos subconjuntos y se valida en otros, alternando hasta que cada subconjunto se haya utilizado para validación. Este enfoque reduce el sesgo y permite obtener una medida de precisión más estable.

▼ **Métricas de evaluación**. Las métricas de evaluación, como la precisión, el recall, la precisión media y el error cuadrático medio, permiten evaluar el rendimiento del modelo de manera cuantitativa. Cada métrica es útil para diferentes tipos de problemas y puede indicar si el modelo necesita ajustes adicionales.

ⓘ Ejemplo

Una empresa de moda desea predecir las ventas de su nueva colección de verano. Para ello:

1. La empresa recopila datos históricos de ventas de sus últimas cinco colecciones de verano, incluyendo factores como precios, ubicación de las tiendas, días de la semana y promociones.

2. Utiliza un modelo de regresión lineal para predecir las ventas en función de los factores recopilados.

3. Se entrena el modelo utilizando el 80% de los datos y se ajustan sus parámetros para minimizar el error.

4. Se prueba el modelo con el 20% restante de los datos y se calcula el error cuadrático medio para evaluar su precisión.

5. Si el error es alto, la empresa puede ajustar los parámetros del modelo o probar con un algoritmo diferente hasta obtener un nivel de precisión adecuado.

5.1 OPTIMIZACIÓN DE HIPERPARÁMETROS

La **optimización de hiperparámetros** es una fase crítica en el desarrollo de modelos de IA, ya que permite ajustar los parámetros de un modelo para mejorar su precisión y rendimiento. Los hiperparámetros son configuraciones predefinidas que no se ajustan durante el entrenamiento, pero que influyen en cómo el modelo aprende y procesa los datos. En el contexto de ventas, la optimización de estos hiperparámetros puede marcar la diferencia entre un modelo que simplemente funciona y uno que proporciona predicciones precisas y fiables, lo cual es clave para mejorar la toma de decisiones comerciales.

¿Qué son los hiperparámetros? A diferencia de los parámetros, que el modelo ajusta automáticamente durante el entrenamiento (por ejemplo, los pesos en una red neuronal), los hiperparámetros deben establecerse manualmente. Algunos ejemplos de hiperparámetros incluyen la **tasa de aprendizaje** (learning rate), el **número de árboles en un bosque aleatorio**, el **número de capas en una red neuronal** o el **número de clusters en un algoritmo de agrupamiento**.

Los **métodos de optimización de hiperparámetros** son los siguientes:

▶ **Búsqueda en grid (grid search).** Este método consiste en definir un rango de valores posibles para cada hiperparámetro y luego entrenar el modelo con todas las combinaciones posibles de esos valores. Aunque garantiza que se prueben todas las opciones, es un método computacionalmente costoso, especialmente cuando hay muchos hiperparámetros.

▶ **Búsqueda aleatoria (random search).** A diferencia de la búsqueda en grid, la búsqueda aleatoria selecciona valores al azar dentro del rango especificado para cada hiperparámetro. Este enfoque permite probar combinaciones sin necesidad de explorar todas, reduciendo el tiempo de cómputo. Aunque no garantiza encontrar la mejor combinación, es útil para obtener buenos resultados en menos tiempo.

▶ **Optimización bayesiana.** La optimización bayesiana es un método avanzado que ajusta los hiperparámetros de manera iterativa. Utiliza la información de pruebas anteriores para seleccionar la siguiente combinación de hiperparámetros, enfocándose en las áreas que probablemente den mejores resultados. Este método es más eficiente y preciso, pero requiere más conocimientos técnicos y recursos computacionales.

> **ⓘ Ejemplo**
>
> Una empresa minorista desea optimizar su modelo de recomendaciones personalizadas. El modelo, basado en un bosque aleatorio, tiene dos hiperparámetros clave: el número de árboles y la profundidad máxima de cada árbol.
>
> ■ Paso 1: definen un rango de valores para cada hiperparámetro (por ejemplo, entre 50 y 200 para el número de árboles).
>
> ■ Paso 2: realizan una búsqueda en grid para probar todas las combinaciones posibles dentro de ese rango.
>
> ■ Resultado: identifican que la combinación de 150 árboles y una profundidad máxima de 10 proporcionan la mejor precisión para las recomendaciones de productos.

5.2 IMPLEMENTACIÓN DE MODELOS EN UN ENTORNO COMERCIAL

La **implementación de modelos en un entorno comercial** es el paso final en el desarrollo de soluciones de IA. En esta fase, el modelo que se ha entrenado, optimizado y validado se integra en los sistemas y procesos comerciales para comenzar a generar valor en tiempo real. La implementación en un entorno de ventas requiere una cuidadosa planificación, incluyendo aspectos como la integración con sistemas existentes, la monitorización del rendimiento y la adaptación a los cambios en los datos o en las demandas comerciales.

Antes de la implementación, es importante asegurarse de que el modelo funcione de manera estable y esté preparado para manejar el volumen de datos y la frecuencia de uso requeridos. Algunos pasos clave incluyen:

1. **Pruebas de integración**. Es esencial probar el modelo en un entorno de pruebas similar al entorno de producción para asegurar que se integre sin problemas con los sistemas existentes. Esto incluye la compatibilidad con bases de datos, aplicaciones de ventas y sistemas CRM.

2. **Configuración de la infraestructura**. La infraestructura debe ser capaz de soportar el modelo en términos de almacenamiento y velocidad de procesamiento. En muchos casos, las empresas utilizan la nube para alojar sus modelos de IA, ya que permite escalar fácilmente según el volumen de datos y la demanda.

3. **Automatización de flujos de datos**. Para que el modelo funcione de manera continua, es necesario automatizar el flujo de datos, asegurando que se actualicen en tiempo real. Esto implica crear conexiones automáticas entre el modelo y las fuentes de datos, de modo que la información siempre esté actualizada.

Una vez que el modelo se ha implementado, es fundamental monitorear su rendimiento para asegurar que siga ofreciendo resultados precisos y eficaces. Los datos y las condiciones comerciales cambian con el tiempo, y el modelo puede necesitar ajustes o reentrenamiento para adaptarse a estos cambios.

Medir el rendimiento del modelo mediante métricas clave, como la precisión en predicciones o el tiempo de respuesta, permite identificar si el modelo está funcionando según lo esperado. Esta monitorización debe ser constante para detectar problemas o caídas en el rendimiento a medida que se utilizan nuevos datos.

Con el tiempo, el modelo puede **requerir ajustes o incluso un reentrenamiento completo**, especialmente si los datos subyacentes cambian significativamente. El reentrenamiento periódico asegura que el modelo se adapte a nuevas condiciones de mercado, cambios en el comportamiento del cliente o tendencias de ventas.

ⓘ **Reflexión**

¿Cómo asegurar la continuidad del modelo sin interrupciones en un entorno comercial cambiante?

Implementar un modelo de IA en un entorno comercial es un proceso continuo que requiere supervisión y ajustes regulares. La actualización periódica, junto con una infraestructura adaptable, garantiza que el modelo se mantenga efectivo a lo largo del tiempo.

PRUEBA DE AUTOEVALUACIÓN

1. **¿Qué es la Inteligencia Artificial (IA)?**

   a) Un sistema que imita el comportamiento humano de forma exacta.

   b) Un conjunto de tecnologías que permite a las máquinas realizar tareas sin errores.

   c) **Un campo de estudio que desarrolla sistemas capaces de realizar tareas que normalmente requieren inteligencia humana.**

   d) Un software de entretenimiento avanzado.

2. **¿Cuál fue el objetivo principal del "Dartmouth Summer Research Project on Artificial Intelligence" en 1956?**

   a) Establecer una definición de IA basada en emociones.

   b) **Marcar el nacimiento oficial de la IA como un campo académico.**

   c) Crear el primer robot inteligente.

   d) Desarrollar una teoría sobre la ética en IA.

3. ¿Cuál de las siguientes ideas fue propuesta por Alan Turing?

   a) **La prueba de Turing como medida de inteligencia de una máquina.**

   b) La teoría de la mente en máquinas.

   c) La capacidad de las máquinas para aprender sin datos.

   d) La invención de la primera red neuronal.

4. ¿Cuál de estos eventos se considera el "punto de partida" oficial de la IA?

   a) **El "Dartmouth Summer Research Project on Artificial Intelligence" de 1956.**

   b) La creación de Deep Blue en los años 90.

   c) El desarrollo de la prueba de Turing.

   d) El lanzamiento de Watson por IBM.

5. ¿Cómo se define la IA débil o "Narrow AI"?

   a) Inteligencia capaz de aprender y adaptarse en todos los contextos.

   b) **Inteligencia diseñada para realizar una tarea específica.**

   c) Un modelo de IA con autoconsciencia.

   d) IA que supera la inteligencia humana.

6. ¿Cuál es una característica de la IA fuerte o "Strong AI"?

   a) Está limitada a un solo ámbito de tareas.

   b) No tiene la capacidad de adaptarse.

   c) **Puede razonar y aprender como un ser humano en diferentes dominios.**

   d) Es una teoría especulativa sin aplicación práctica.

7. ¿Cuál de los siguientes conceptos es puramente teórico y no se ha logrado aún?

   a) IA débil.

   b) IA fuerte.

   c) **Superinteligencia (ASI).**

   d) IA reactiva.

8. ¿Qué tipo de IA es capaz de almacenar información temporal y aprender de experiencias recientes?

a) IA con autoconsciencia.

b) IA débil.

c) **IA con memoria limitada.**

d) Teoría de la mente.

9. ¿Cuál es una aplicación común de la IA en la atención al cliente?

a) **Chatbots y asistentes virtuales que automatizan respuestas.**

b) Generación automática de inventarios.

c) Control de calidad en producción.

d) Cálculo de precios dinámicos.

10. ¿Qué permite la IA en el análisis de tendencias de mercado?

a) Detectar fraudes financieros en tiempo real.

b) **Predecir cambios en las preferencias de los consumidores.**

c) Automatizar la contabilidad de la empresa.

d) Generar contenido visual personalizado.

11. ¿Qué tecnología de IA se utiliza en el reconocimiento facial y la interacción en el hogar?

a) Motores de recomendación.

b) Análisis de sentimientos.

c) **Reconocimiento de voz e imagen.**

d) Procesamiento del lenguaje natural.

12.¿Para qué se usa el procesamiento de lenguaje natural (NLP) en IA?

a) **Para interpretar y responder al lenguaje humano en aplicaciones como chatbots.**

b) Para controlar la velocidad de los robots en producción.

c) Para ajustar automáticamente el inventario.

d) Para personalizar precios en tiempo real.

13.¿Cómo puede la IA ayudar a las empresas a optimizar el inventario?

a) Eliminando datos de clientes antiguos.

b) **Previendo la demanda para reducir el exceso o la falta de stock.**

c) Supervisando únicamente el equipo humano.

d) Limitando el acceso de los empleados a la base de datos.

14.¿Cuál es uno de los principales beneficios de la personalización de la experiencia del cliente con IA?

a) Elimina la necesidad de tener atención al cliente humana.

b) **Mejora la fidelización al ofrecer productos adaptados a las preferencias individuales.**

c) Incrementa el costo operativo en ventas.

d) Permite a las máquinas evitar errores de inventario.

15.¿Cómo contribuyen los chatbots a la experiencia del cliente en ventas?

a) **Proporcionando respuestas inmediatas y automatizadas a consultas frecuentes.**

b) Analizando transacciones financieras complejas.

c) Ofreciendo diagnósticos médicos.

d) Creando campañas de marketing personalizadas.

16.¿Qué permite la IA en la optimización de precios en tiempo real?

a) Calcular el número de productos vendidos.

b) **Ajustar precios en función de la demanda y la competencia.**

c) Disminuir automáticamente el inventario.

d) Controlar el comportamiento del cliente.

17.¿Por qué es fundamental la limpieza de datos en IA?

a) Para obtener datos variados de diferentes industrias.

b) Porque los datos en bruto son siempre de alta calidad.

c) **Porque los datos en bruto suelen estar incompletos o contienen errores.**

d) Para evitar la optimización de los modelos.

18.¿Cuál es una fuente de datos relevante para mejorar la gestión de inventario en el comercio tradicional?

a) Redes sociales.

b) Datos de encuestas de satisfacción.

c) **Datos de inventario que muestran disponibilidad en tiempo real.**

d) Informes sobre el clima.

19.¿Qué es la minimización de datos en el contexto de la recopilación ética?

a) Recopilar todos los datos posibles para fines de análisis.

b) **Recoger solo los datos necesarios para un propósito específico.**

c) Almacenar los datos indefinidamente para usarlos en el futuro.

d) Borrar todos los datos después de cada transacción.

20. ¿Qué aspecto protege el Reglamento General de Protección de Datos (GDPR) en la recopilación de datos?

a) El acceso ilimitado de las empresas a los datos del cliente.

b) **La privacidad y el consentimiento informado de los usuarios.**

c) La recopilación de datos de manera anónima sin permiso.

d) La obligatoriedad de almacenar los datos indefinidamente.

6

PERSONALIZACIÓN Y RECOMENDACIÓN DE PRODUCTOS

En un entorno de ventas altamente competitivo, la personalización se ha convertido en una estrategia esencial para captar y retener a los clientes. La IA facilita la personalización al analizar los datos de cada cliente y crear experiencias adaptadas a sus preferencias y comportamiento de compra. Mediante algoritmos avanzados y sistemas de recomendación, la IA permite ofrecer productos que coinciden con los intereses específicos de cada usuario, lo que incrementa la probabilidad de compra y la fidelización del cliente.

6.1 USO DE IA PARA PERSONALIZAR LA EXPERIENCIA DE LA CLIENTELA

La **personalización de la experiencia de la clientela** implica adaptar la oferta y las interacciones en función de los gustos, preferencias y comportamientos de cada cliente. Esto se logra mediante el análisis de datos de la clientela, que puede incluir su historial de compras, navegación en la web, interacciones previas con la empresa y datos demográficos. A través de técnicas de aprendizaje automático y análisis de patrones, la IA puede adaptar la comunicación y los productos ofrecidos a cada cliente, haciéndolos sentir valorados y atendidos de forma única.

Las **principales aplicaciones de la IA en la personalización** son las siguientes:

▶ **Recomendaciones de productos**. La IA analiza el historial de compras y el comportamiento de cada cliente para recomendar productos específicos que puedan interesarle. Por ejemplo, si un cliente ha mostrado interés en productos deportivos, el sistema puede sugerirle nuevos artículos relacionados, como ropa deportiva o equipos de entrenamiento. Esto permite adaptar la oferta a los gustos de cada usuario, mejorando la experiencia de compra y aumentando la probabilidad de conversión.

ⓘ Ejemplo

Una tienda en línea puede utilizar IA para sugerir productos complementarios basados en la compra actual del cliente, como recomendar accesorios o artículos que complementen un producto principal, aumentando las posibilidades de ventas cruzadas (cross-selling).

▼ **Comunicación personalizada.** La IA permite automatizar el envío de mensajes personalizados, como correos electrónicos, notificaciones y recomendaciones de productos. Estos mensajes pueden adaptarse a las acciones o intereses recientes del cliente, haciendo que se sienta más conectado con la marca.

ⓘ **Ejemplo**

Un e-commerce puede enviar correos automáticos personalizados con descuentos en productos relacionados con las compras anteriores del cliente, invitándolo a explorar nuevas opciones de interés.

▼ **Ofertas y promociones dirigidas.** Mediante el análisis de datos de comportamiento y compras anteriores, la IA puede identificar qué tipos de promociones resultan más atractivas para cada cliente y ofrecer descuentos personalizados. Esto permite diseñar estrategias de ventas que se ajusten a los intereses específicos del cliente, generando una mayor afinidad con la marca.

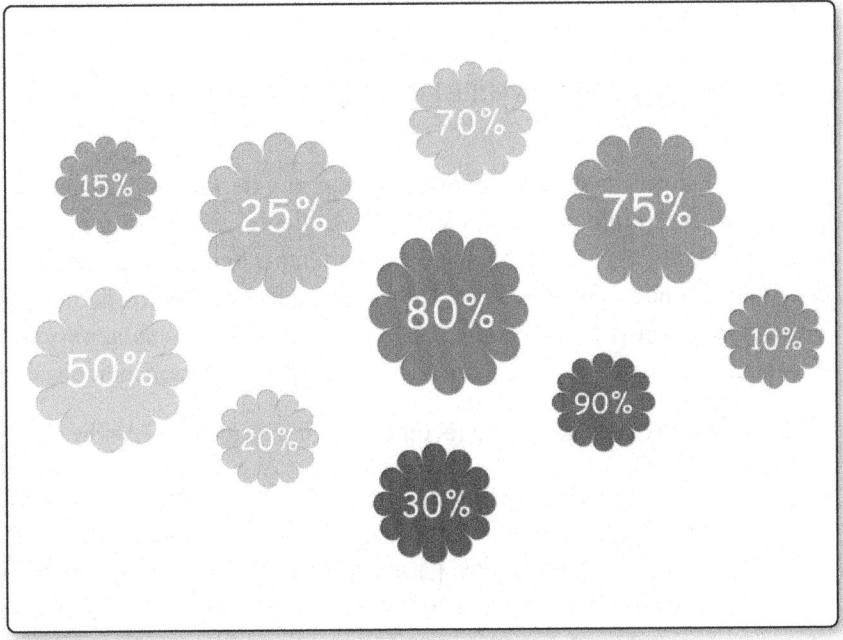

ⓘ Nota

Personalizar promociones según el comportamiento de cada cliente incrementa la tasa de conversión y reduce la posibilidad de que el cliente ignore las ofertas. Por ejemplo, un cliente que ha mostrado interés en productos de alta gama podría recibir promociones exclusivas en artículos premium.

▶ **Optimización del contenido**. La IA también puede personalizar el contenido que se muestra a cada usuario, como recomendaciones de productos, banners y anuncios. Al adaptar el contenido visual y escrito a los intereses de cada cliente, la empresa mejora la efectividad de su sitio web y aumenta la permanencia en la página, lo que incrementa la probabilidad de venta.

ⓘ Ejemplo

En un sitio web de moda, la IA puede mostrar imágenes y sugerencias de ropa que coincidan con el estilo de los productos previamente vistos por el cliente, creando una experiencia de navegación atractiva y relevante.

6.2 USO DE SISTEMAS DE RECOMENDACIÓN BASADOS EN IA

Los **sistemas de recomendación** son una herramienta avanzada de IA que permite sugerir productos o servicios a los clientes basándose en sus intereses y comportamiento. Estos sistemas son fundamentales en sectores como el comercio electrónico, donde ayudan a los clientes a encontrar productos de manera eficiente, aumentando el valor de cada compra. Los sistemas de recomendación pueden basarse en diferentes técnicas de IA, cada una con sus ventajas y aplicaciones particulares.

Los tipos de sistemas de recomendación basados en IA son:

▶ **Filtrado colaborativo**. Este tipo de sistema de recomendación se basa en las similitudes entre usuarios. Analiza patrones de comportamiento de usuarios similares para sugerir productos que otros clientes con intereses similares han comprado o valorado positivamente. Esta técnica es eficaz en grandes plataformas donde existen suficientes datos de comportamiento de los usuarios.

ⓘ Ejemplo

En una plataforma de streaming, si un usuario ve regularmente series de comedia, el sistema le recomendará otras series populares de comedia que otros usuarios con preferencias similares han visto.

- **Filtrado basado en contenido**. En este enfoque, el sistema de recomendación sugiere productos basados en las características específicas del contenido que el cliente ha mostrado interés. La IA analiza el contenido, como las descripciones de los productos, y recomienda artículos que contienen características similares a las de los productos que el cliente ya ha comprado o visto.

ⓘ Ejemplo

Una tienda de libros en línea puede recomendar obras de un mismo género o autor si el cliente ha mostrado interés en esos temas, utilizando datos textuales de los productos para encontrar similitudes.

- **Recomendaciones híbridas**. Este enfoque combina el filtrado colaborativo y el basado en contenido para generar recomendaciones más precisas. Al combinar ambos métodos, el sistema puede adaptarse mejor a las preferencias individuales, haciendo sugerencias más relevantes y personalizadas.

ⓘ Ejemplo

Amazon utiliza un enfoque híbrido en sus recomendaciones, analizando tanto el comportamiento de compra de usuarios similares como las características de los productos para ofrecer recomendaciones precisas.

> **ⓘ Reflexión**
>
> **¿Cómo puede la empresa garantizar una personalización respetuosa con la privacidad del cliente?**
>
> Implementando sistemas de consentimiento informado y permitiendo al cliente optar por no participar en la recopilación de datos, las empresas pueden equilibrar la personalización con la protección de la privacidad.

Los sistemas de recomendación pueden crear una **"burbuja de filtro"** al sugerir productos similares a los que el cliente ya ha visto, limitando su exposición a nuevas opciones. Es importante equilibrar las recomendaciones con sugerencias variadas para enriquecer la experiencia de compra.

> **ⓘ Ejemplo**
>
> Una librería en línea puede ofrecer una sección con "Recomendaciones Exclusivas" que incluye géneros o autores diferentes a los del historial del cliente, ampliando así su horizonte de descubrimiento.

Por otro lado, la precisión de los sistemas de recomendación depende en gran medida de la **calidad de los datos de los clientes**. Los datos incompletos, incorrectos o desactualizados pueden reducir la efectividad de las recomendaciones, generando resultados poco útiles para el cliente.

6.3 ANÁLISIS DE EJEMPLOS DE IMPLEMENTACIÓN EN COMERCIOS TRADICIONALES

La **implementación de la Inteligencia Artificial (IA) en comercios tradicionales** ha permitido a muchas empresas mejorar la experiencia de sus clientes, optimizar sus operaciones y aumentar sus ingresos. Aunque la IA se asocia con frecuencia a plataformas en línea, muchos comercios tradicionales han encontrado formas innovadoras de aplicarla en sus tiendas físicas. Los siguientes ejemplos destacan cómo los comercios tradicionales utilizan la IA para personalizar la experiencia de compra, mejorar la eficiencia en la gestión de inventarios y optimizar la interacción con el cliente.

Ejemplo 1: personalización en tiendas minoristas de moda

Un minorista de moda con tiendas físicas ha implementado un sistema de IA para personalizar la experiencia de compra de sus clientes. La IA analiza el historial de compras de cada cliente registrado y, cuando el cliente ingresa a la tienda, el sistema envía recomendaciones personalizadas al móvil del cliente, sugiriendo productos que coinciden con sus gustos previos.

La IA utiliza un sistema de **reconocimiento facial** en las entradas de las tiendas (con consentimiento del cliente), que permite identificar a los clientes habituales. Basado en sus compras anteriores y en las tendencias de moda actuales, el sistema envía notificaciones con recomendaciones de productos que pueden interesarles y descuentos exclusivos. Además, el personal de ventas recibe una alerta en su dispositivo, lo que les permite acercarse al cliente con sugerencias personalizadas.

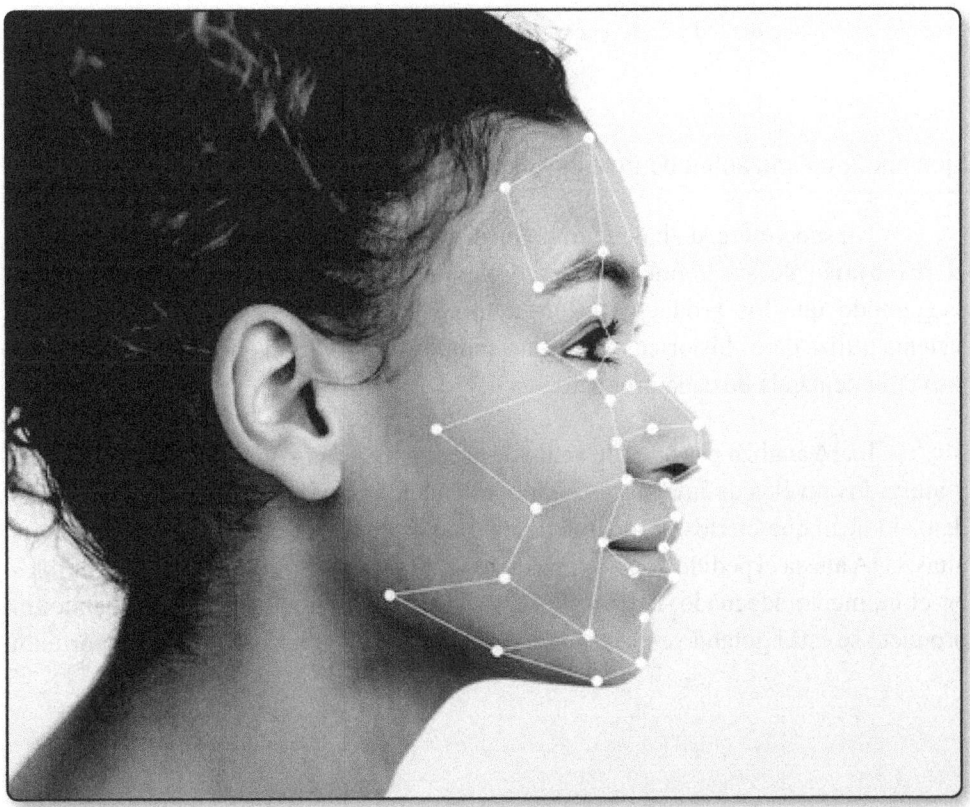

Si un cliente suele comprar ropa de estilo casual, el sistema puede sugerirle los nuevos lanzamientos en esa categoría y alertar al personal para que le informe sobre la disponibilidad de prendas que coincidan con su estilo.

Beneficios	Desafíos
Mejora la experiencia de compra al ofrecer recomendaciones precisas y personalizadas.	La privacidad es una preocupación, ya que el uso de reconocimiento facial debe ser transparente y contar con el consentimiento del cliente.
Aumenta la probabilidad de conversión al presentar productos relevantes de inmediato.	Es importante que el sistema de recomendaciones sea preciso, ya que las recomendaciones irrelevantes pueden generar una experiencia frustrante.
Fortalece la relación entre la tienda y el cliente, generando lealtad y preferencia.	

Ejemplo 2: optimización de inventarios en supermercados

Un supermercado ha integrado un sistema de IA para **gestionar y optimizar el inventario** de sus productos frescos, evitando el desperdicio de alimentos y asegurando que los productos estén siempre disponibles para los clientes. Este sistema utiliza datos históricos de ventas, temporadas y variables como el clima para prever la demanda de cada producto.

La IA analiza patrones de venta de productos frescos, como frutas y verduras, y ajusta los niveles de inventario según la demanda proyectada. Por ejemplo, si los datos indican que ciertos productos tienen mayor demanda en días de temperaturas altas, la IA ajusta el pedido de estos productos para asegurarse de que estén disponibles en el momento adecuado. Además, el sistema puede alertar al personal cuando un producto se está agotando en la estantería, asegurando su reabastecimiento oportuno.

Durante el verano, el sistema puede detectar una alta demanda de sandías y ajustar automáticamente el inventario para satisfacer esta demanda sin tener excedentes que se puedan perder.

Beneficios	Desafíos
Reduce el desperdicio de productos frescos, optimizando las compras según la demanda real.	El sistema depende de datos históricos y puede no prever cambios repentinos en el comportamiento de compra.
Mejora la disponibilidad de productos, asegurando que los clientes encuentren lo que buscan en la tienda.	La precisión en la previsión es esencial, especialmente en productos perecederos donde un error podría resultar en pérdidas significativas.
Ahorra costos al evitar el exceso de inventario y el desperdicio de alimentos.	

Ejemplo 3: recomendaciones personalizadas en librerías

Una cadena de librerías ha implementado un sistema de recomendaciones basado en IA que permite a los clientes recibir sugerencias de libros en función de sus compras anteriores y sus intereses literarios. En cada tienda, los quioscos interactivos con IA ayudan a los clientes a encontrar libros que pueden gustarles, incluso si no conocen un título específico.

La IA en estos quioscos interactivos está conectada con el historial de compra de los clientes registrados en el sistema de fidelización de la librería. Los clientes pueden introducir sus preferencias o escanear su tarjeta de membresía para recibir recomendaciones de libros basadas en sus intereses y en lo que otros clientes con gustos similares han comprado. Además, los empleados de la tienda pueden acceder a estas recomendaciones para ofrecer una atención personalizada.

Si un cliente suele comprar libros de ciencia ficción, el quiosco le sugiere los nuevos lanzamientos en esta categoría y otros títulos populares en el género que aún no ha leído.

Beneficios	Desafíos
Proporciona una experiencia de compra enriquecida, haciendo que el cliente descubra libros de su interés.	La efectividad depende de la calidad de los datos: los clientes necesitan interactuar regularmente con la tienda para obtener recomendaciones precisas.
Aumenta las ventas de libros relacionados y mejora la fidelización del cliente al personalizar la interacción.	La implementación de quioscos interactivos requiere inversión en infraestructura y formación para el personal.
Facilita la labor del personal, ya que los empleados pueden basarse en las recomendaciones de la IA para hacer sugerencias.	

7

AUTOMATIZACIÓN DE MARKETING Y PUBLICIDAD

La automatización de marketing y publicidad mediante la Inteligencia Artificial (IA) permite a las empresas ejecutar campañas más eficientes, adaptadas a los intereses específicos de cada segmento de clientes y con un impacto medible. A través de la IA, las empresas pueden optimizar tanto el proceso de diseño y ejecución de campañas como la segmentación de su audiencia, lo que resulta en una comunicación más efectiva y una mayor rentabilidad de las campañas. La automatización en marketing incrementa la precisión de las estrategias y reduce el tiempo y los recursos necesarios para implementar acciones personalizadas a gran escala.

7.1 AUTOMATIZACIÓN DE CAMPAÑAS DE MARKETING

La **automatización de campañas de marketing** es una estrategia que utiliza IA para ejecutar y gestionar campañas de manera automática, liberando al equipo de marketing de tareas repetitivas y permitiéndoles enfocarse en la estrategia y creatividad. Con la IA, las empresas pueden enviar mensajes y promociones a los clientes de forma automática, ajustándose a su comportamiento y preferencias. Esto permite que las campañas lleguen en el momento óptimo y con el contenido adecuado para cada cliente.

Las principales aplicaciones de la automatización en campañas de marketing son:

▼ **Envío de correos electrónicos automatizados**. La IA permite enviar correos electrónicos automatizados y personalizados, como recordatorios de carrito abandonado, promociones exclusivas o recomendaciones de productos basadas en compras previas. Este tipo de comunicación es efectiva porque llega a los clientes en el momento justo y con contenido relevante.

ⓘ **Ejemplo**

Un cliente que abandona su carrito en una tienda de ropa online puede recibir un correo automatizado después de unas horas, recordándole los productos y ofreciéndole un descuento para completar la compra. Esto aumenta la probabilidad de que el cliente regrese y finalice la compra.

▼ **Programación y optimización de publicaciones en redes sociales**. La IA permite programar y optimizar las publicaciones en redes sociales de acuerdo con los momentos de mayor actividad de la audiencia.

Además, algunos sistemas de IA pueden analizar el rendimiento de publicaciones anteriores y ajustar automáticamente la frecuencia, el tono y el contenido de las futuras publicaciones para maximizar el alcance e interacción.

ⓘ Ejemplo

Una marca de cosméticos puede programar sus publicaciones para que se publiquen automáticamente en los horarios en que su audiencia es más activa, asegurando una mayor visibilidad y engagement.

▼ **Personalización de anuncios publicitarios**. La IA permite personalizar los anuncios en función de los intereses y comportamientos de cada cliente. Mediante el análisis de datos, la IA puede crear variaciones de anuncios que se adaptan a las preferencias de diferentes segmentos de audiencia. Además, estos anuncios pueden mostrarse a los usuarios en el momento y canal más efectivo, aumentando el retorno de inversión (ROI) en publicidad.

ⓘ **Ejemplo**

Un e-commerce de tecnología puede personalizar anuncios para mostrar dispositivos específicos (como móviles, portátiles o accesorios) según el historial de navegación o de compra de cada cliente, lo cual mejora la efectividad del anuncio.

7.2 SEGMENTACIÓN DE CLIENTES BASADA EN IA

La **segmentación de clientes basada en IA** es una técnica que utiliza algoritmos avanzados para clasificar a los clientes en grupos específicos según su comportamiento, intereses y características demográficas. A diferencia de los métodos tradicionales de segmentación, la IA permite analizar grandes volúmenes de datos en tiempo real y con una precisión mayor, lo que da lugar a grupos de clientes más específicos y relevantes. Esta segmentación detallada permite personalizar las campañas de marketing y mejorar la efectividad de las estrategias publicitarias.

Las principales aplicaciones de la segmentación de clientes con IA son las siguientes:

▼ **Segmentación basada en el comportamiento del cliente**. La IA puede analizar el comportamiento de los clientes en múltiples canales (como la web, la tienda física y las redes sociales) para identificar patrones. Estos patrones ayudan a segmentar a los clientes según sus intereses, frecuencia de compra, canales preferidos y productos de interés, entre otros factores.

ⓘ **Ejemplo**

Un e-commerce de moda puede utilizar la segmentación por comportamiento para identificar a los clientes que visitan regularmente la sección de calzado, enviándoles campañas específicas con las últimas novedades en esa categoría.

▸ **Segmentación predictiva.** La IA permite segmentar clientes en función de predicciones sobre su comportamiento futuro. Basándose en datos históricos y en patrones de comportamiento, los algoritmos de IA pueden identificar clientes que tienen más probabilidades de realizar ciertas acciones, como comprar un producto, cancelar una suscripción o responder a una oferta.

ⓘ **Ejemplo**

Un gimnasio puede utilizar segmentación predictiva para identificar a clientes que tienen un alto riesgo de no renovar su membresía, permitiéndole enviar campañas de retención con incentivos personalizados.

⚑ **Segmentación basada en valor del cliente**. La segmentación basada en el valor del cliente clasifica a los clientes según su contribución financiera a la empresa. Con la IA, las empresas pueden identificar a los clientes de mayor valor (aquellos que realizan compras frecuentes o de alto valor) y diseñar campañas especiales para retenerlos y aumentar su lealtad.

ⓘ **Ejemplo**

Un retailer de productos electrónicos puede identificar a sus clientes más valiosos y ofrecerles beneficios exclusivos, como acceso anticipado a lanzamientos de productos o descuentos personalizados.

Los **beneficios** de la segmentación de clientes con IA son:

⚑ La IA permite identificar grupos de clientes específicos basados en datos complejos y en tiempo real, lo que mejora la precisión en las campañas de marketing.

⚑ La segmentación permite ofrecer productos, promociones y mensajes adaptados a los intereses y necesidades de cada grupo de clientes.

⚑ La segmentación detallada ayuda a dirigir los esfuerzos de marketing hacia los segmentos de mayor valor, maximizando el retorno de inversión.

Por otro lado, existen algunos **desafíos y consideraciones.** La automatización y segmentación basada en IA requieren un acceso a grandes volúmenes de datos personales, lo cual plantea desafíos de privacidad. Es esencial que las empresas manejen los datos de manera ética y transparente, cumpliendo con normativas como el **Reglamento General de Protección de Datos (GDPR)** en Europa.

Por otro lado, la efectividad de la segmentación y automatización de campañas depende de la calidad de los datos. Si los datos son incompletos, incorrectos o desactualizados, los resultados de la IA pueden ser poco precisos, afectando negativamente la efectividad de las campañas.

Además, el comportamiento de los clientes puede cambiar rápidamente, y es importante que la IA sea capaz de adaptarse a estos cambios en tiempo real. La IA necesita actualización y reentrenamiento constante para asegurar que las campañas se mantengan relevantes.

ⓘ Reflexión

¿Cómo pueden las empresas asegurarse de que los segmentos de clientes se mantengan actualizados y relevantes?

Monitoreando continuamente los datos de clientes y aplicando técnicas de análisis predictivo, las empresas pueden identificar cambios en las tendencias y ajustar los segmentos de manera dinámica.

7.3 ANUNCIOS PERSONALIZADOS

La **personalización de anuncios** mediante IA permite a las empresas dirigir mensajes específicos a audiencias particulares, optimizando el impacto de sus campañas y aumentando la probabilidad de conversión. Los anuncios personalizados son el resultado de un análisis avanzado de datos que permite a la IA comprender las preferencias, necesidades y comportamientos de cada cliente, y adaptar los anuncios en tiempo real para que sean más relevantes. La personalización va desde anuncios en redes sociales hasta publicidad en motores de búsqueda y campañas de remarketing, en las que cada cliente ve anuncios adaptados a su historial de interacciones y compras.

Algunas estrategias de personalización en anuncios son las siguientes:

▸ **Anuncios dinámicos en redes sociales**. Las redes sociales son un canal óptimo para la personalización de anuncios, ya que permiten segmentar a la audiencia en función de variables como intereses, ubicación, edad y comportamiento. La IA permite crear anuncios dinámicos que cambian en tiempo real, mostrando productos o servicios específicos según el perfil y las acciones previas de cada usuario.

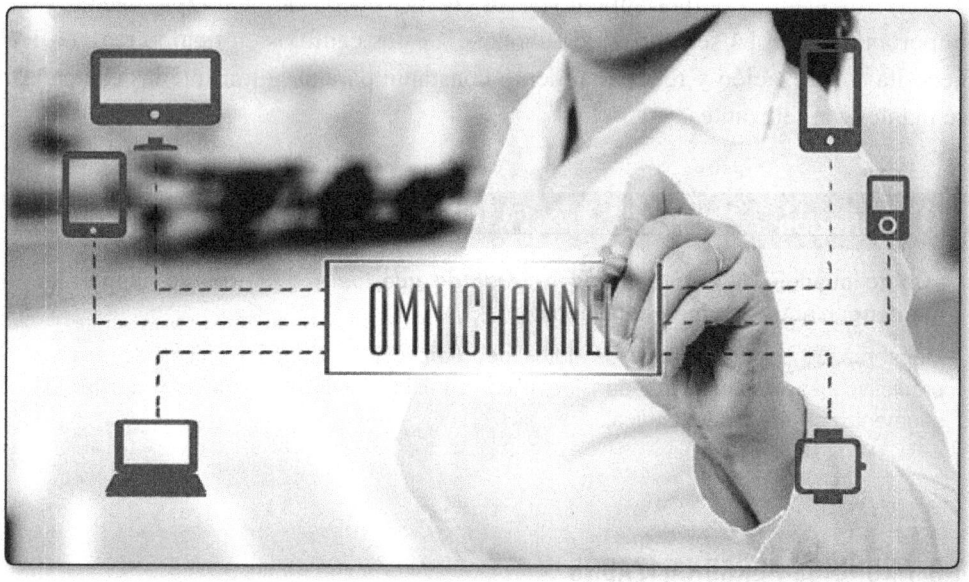

ⓘ Ejemplo

Un cliente que ha visitado una página de productos de moda, pero no realizó ninguna compra puede recibir un anuncio en sus redes sociales destacando los productos específicos que vio, junto con un incentivo como un descuento para fomentar la compra.

▼ **Remarketing personalizado**. El remarketing personalizado consiste en mostrar anuncios a clientes que ya han interactuado previamente con la marca, como visitantes de la web o usuarios que abandonaron el carrito. La IA permite que estos anuncios sean muy específicos, mostrando los productos exactos que el usuario dejó en el carrito o artículos similares.

ⓘ Ejemplo

Una tienda en línea de tecnología puede usar remarketing personalizado para recordar a los usuarios que han dejado dispositivos en su carrito, mostrando estos productos en sus anuncios y sugiriendo complementos, como accesorios o garantías extendidas.

▶ **Anuncios personalizados basados en ubicación**. La IA permite adaptar los anuncios a la ubicación geográfica del cliente, ofreciendo contenido que sea relevante para su área. Esto es especialmente útil en campañas que promueven eventos locales, tiendas físicas o productos de temporada.

ⓘ **Ejemplo**

Un restaurante puede utilizar anuncios basados en ubicación para mostrar ofertas de almuerzos a usuarios que se encuentran cerca de sus instalaciones, incentivando a los clientes locales a visitar el establecimiento.

▶ **Personalización de anuncios en función del comportamiento**. La IA puede analizar el comportamiento del cliente, como sus patrones de navegación o el tiempo pasado en ciertas categorías, para personalizar los anuncios. Esta personalización permite mostrar productos que el cliente ha estado buscando activamente o que podrían interesarle en función de su comportamiento reciente.

ⓘ **Ejemplo**

Una plataforma de e-commerce puede personalizar sus anuncios mostrando ropa de invierno a usuarios que han estado navegando en esa categoría, ayudándoles a encontrar productos de su interés más rápido.

7.4 MEDICIÓN DEL RENDIMIENTO DE CAMPAÑAS

La **medición del rendimiento de campañas** es una fase esencial en la automatización de marketing, ya que permite evaluar si las campañas de IA están alcanzando los objetivos planteados y proporcionando un retorno de inversión adecuado. Gracias a la IA, las empresas pueden analizar el impacto de cada campaña en tiempo real y hacer ajustes basados en datos, optimizando así su efectividad. La medición del rendimiento no solo permite identificar campañas exitosas, sino también aquellas que requieren ajustes para mejorar sus resultados.

Los Indicadores Clave de Rendimiento (KPI) en campañas publicitarias son:

▸ **Tasa de conversión**. La tasa de conversión indica el porcentaje de usuarios que realizan una acción específica después de interactuar con un anuncio (por ejemplo, realizar una compra o registrarse en la web). Este KPI es fundamental para medir el impacto directo de los anuncios en las ventas.

ⓘ **Ejemplo**

Una campaña que muestra anuncios de un producto en redes sociales puede analizar la tasa de conversión para determinar qué porcentaje de usuarios que hicieron clic en el anuncio terminaron comprando el producto.

▸ **Costo por Adquisición (CPA)**. El CPA muestra cuánto cuesta a la empresa adquirir un cliente a través de una campaña publicitaria. Este indicador ayuda a evaluar la rentabilidad de la campaña, comparando el costo de la inversión publicitaria con el valor de los clientes adquiridos.

ⓘ **Ejemplo**

Si una empresa de software realiza una campaña de publicidad y cada nueva suscripción cuesta $10 en gastos publicitarios, el CPA permite evaluar si la campaña es rentable en función de los ingresos generados.

▸ **Retorno de la Inversión Publicitaria (ROAS)**. El ROAS mide el retorno económico de cada dólar invertido en publicidad. Este KPI es esencial para conocer la rentabilidad de la campaña y determinar si los anuncios están generando un beneficio financiero para la empresa.

ⓘ Ejemplo

Una empresa de moda que invierte 1,000 euros en una campaña y genera 4,000 euros en ventas tendría un ROAS de 4, lo cual significa que, por cada euro invertido en publicidad, obtuvo cuatro dólares de ingreso.

▸ **Tasa de Clics (CTR)**. La tasa de clics mide el porcentaje de usuarios que hicieron clic en el anuncio en comparación con el total de usuarios que lo vieron. Un CTR alto suele indicar que el anuncio es relevante para la audiencia y capta su interés.

ⓘ Ejemplo

Si un anuncio recibe 1,000 impresiones y 50 clics, el CTR será del 5%, lo cual indica un buen rendimiento si el promedio de la industria es menor.

▸ **Tiempo de permanencia y tasa de rebote**. El tiempo que los usuarios pasan en la página de destino y la tasa de rebote (porcentaje de usuarios que abandonan la página sin realizar ninguna acción) son indicadores que miden el nivel de interés y la relevancia del contenido en relación con el anuncio. Estos datos permiten identificar si el contenido cumple con las expectativas generadas por el anuncio.

ⓘ Ejemplo

Un bajo tiempo de permanencia y una alta tasa de rebote pueden indicar que la página de destino no es relevante o no cumple con lo prometido en el anuncio.

La IA permite monitorear el rendimiento de las campañas en tiempo real, lo cual es fundamental para hacer ajustes de manera proactiva. Si ciertos anuncios o segmentos de la audiencia no están mostrando el rendimiento esperado, la IA puede ajustar automáticamente los anuncios, el presupuesto o el enfoque de la campaña para mejorar los resultados. La optimización en tiempo real permite que los recursos publicitarios se destinen de manera eficiente, maximizando la rentabilidad de la campaña.

(i) **Nota**

Las herramientas de IA también permiten realizar pruebas A/B en tiempo real, probando diferentes versiones de anuncios para identificar cuáles generan mejores resultados, optimizando la campaña sobre la marcha.

8

OPTIMIZACIÓN DE PRECIOS E INVENTARIO

La optimización de precios e inventario es una de las áreas donde la IA ha demostrado tener un gran impacto en la eficiencia y rentabilidad de las empresas. Al analizar grandes volúmenes de datos y patrones de comportamiento de los clientes, la IA puede ajustar precios en tiempo real y gestionar el inventario de manera inteligente, asegurando que los productos estén disponibles cuando los clientes los necesitan y que los precios se mantengan competitivos. Con estas técnicas, las empresas pueden maximizar sus ingresos, reducir costos de almacenamiento y mejorar la experiencia de sus clientes al evitar situaciones de desabastecimiento o de sobrestock.

8.1 USO DE IA EN LA GESTIÓN DE PRECIOS

La **gestión de precios** mediante IA permite a las empresas ajustar sus tarifas en función de múltiples variables como la demanda, la competencia, los costos de inventario y las preferencias de los clientes. Con algoritmos de aprendizaje automático, la IA puede analizar estos factores en tiempo real y aplicar precios dinámicos, optimizando así la rentabilidad de cada producto y permitiendo a las empresas reaccionar de manera ágil ante cambios en el mercado.

Algunas **estrategias** de gestión de precios con IA son:

▸ **Precios dinámicos**. Los precios dinámicos ajustan los precios en función de factores como la demanda actual, la época del año, la ubicación geográfica y las variaciones en los precios de los competidores. La IA puede analizar todos estos datos y aplicar precios en tiempo real, lo que permite a las empresas mantener sus productos competitivos y ajustar su margen de beneficio según la situación del mercado.

ⓘ **Ejemplo**

Un retailer de e-commerce puede ajustar automáticamente el precio de un producto en función de la demanda del momento. Si un producto popular empieza a agotarse, el sistema puede incrementar ligeramente el precio para maximizar el margen y gestionar el inventario.

▸ **Descuentos personalizados**. La IA permite ofrecer descuentos específicos a diferentes segmentos de clientes basados en su historial de compras, nivel de fidelización y comportamiento de compra. Esta personalización asegura que los descuentos se apliquen solo a clientes que tienen más probabilidades de realizar una compra adicional.

> **ⓘ Ejemplo**
>
> Una tienda en línea puede ofrecer descuentos exclusivos a clientes que hayan comprado en una categoría específica, incentivándolos a repetir la compra sin afectar el precio para otros segmentos.

> ▸ **Precios basados en la competencia**. Los algoritmos de IA pueden monitorear automáticamente los precios de productos similares ofrecidos por la competencia y ajustar los propios en consecuencia, garantizando que el precio de los productos sea competitivo y atractivo para los clientes sin comprometer la rentabilidad.

> **ⓘ Ejemplo**
>
> Un retailer de tecnología puede ajustar los precios de sus productos en función de los precios de tiendas competidoras, asegurando que sus ofertas se mantengan competitivas y atractivas para los compradores.

Beneficios del uso de IA en la gestión de precios	Desafíos en la gestión de precios con IA
Optimización del margen de ganancia: la IA permite ajustar los precios en función de la demanda y la competencia, maximizando el margen de beneficio en cada venta.	**Dependencia de la calidad de los datos:** los modelos de IA para precios requieren datos precisos y actualizados sobre la demanda, los costos y la competencia. Si los datos son incorrectos o están desactualizados, las recomendaciones de precios pueden no ser precisas.
Aumento de la competitividad: los precios dinámicos y la monitorización de la competencia mantienen la oferta de productos competitiva y atractiva para los clientes.	**Equilibrio entre beneficio y satisfacción del cliente:** aunque los precios dinámicos son útiles, aumentarlos demasiado en momentos de alta demanda puede generar descontento en los clientes. Es importante establecer límites que equilibren la rentabilidad con la satisfacción del cliente.
Personalización para mayor fidelización: la IA permite aplicar precios y descuentos personalizados, aumentando la satisfacción y fidelización del cliente.	**Adaptación rápida a cambios del mercado:** los precios deben ajustarse en tiempo real para que las empresas puedan aprovechar las oportunidades del mercado. La infraestructura debe ser capaz de soportar estos cambios sin afectar el rendimiento del sistema.

8.2 PREDICCIÓN DE LA DEMANDA

La **predicción de la demanda** mediante IA permite a las empresas anticiparse a las necesidades de sus clientes y optimizar su inventario para asegurar que los productos estén disponibles en el momento adecuado. La IA analiza datos históricos de ventas, tendencias de mercado, temporadas, patrones de compra y factores externos, como el clima, para prever la demanda futura con alta precisión. Con esta información, las empresas pueden ajustar su inventario, reducir el desperdicio de productos y asegurar una disponibilidad continua para satisfacer las expectativas de sus clientes.

Algunas aplicaciones de la IA en la predicción de la demanda son las siguientes:

▶ **Predicción estacional y por eventos**. La IA permite prever la demanda en función de las temporadas del año y eventos específicos, como festividades, eventos deportivos o lanzamientos de productos. Estos patrones estacionales pueden anticiparse con datos históricos para ajustar el inventario a la demanda específica de cada periodo.

 **Ejemplo**

Un supermercado puede prever un aumento en la demanda de ciertos productos, como bebidas y alimentos frescos, durante el verano o las festividades de fin de año, ajustando su inventario en consecuencia para evitar desabastecimiento.

    ▼ **Predicción de demanda en tiempo real**. La IA permite realizar predicciones en tiempo real, ajustando el inventario según los cambios en el comportamiento de compra.

    Este tipo de predicción es particularmente útil en entornos de alta demanda y permite a las empresas responder rápidamente a los cambios en las preferencias de los clientes.

(i) **Ejemplo**

Un minorista de moda puede ajustar su inventario de ropa en función de la demanda en tiempo real de ciertos estilos o colores populares, maximizando las ventas y evitando la acumulación de inventario no deseado.

    ▼ **Optimización del reabastecimiento**. La IA puede analizar los datos de inventario en cada ubicación de la tienda y ajustar automáticamente los niveles de reabastecimiento, asegurando que los productos siempre estén disponibles. Este análisis permite reducir el costo de almacenamiento al evitar el exceso de inventario y facilita la logística de reabastecimiento.

(i) **Ejemplo**

Una cadena de farmacias puede usar IA para gestionar el inventario de productos de alta rotación, como medicamentos y productos de higiene, asegurando que se reabastezcan en el momento adecuado para evitar la falta de existencias.

Beneficios de la predicción de la demanda con IA	Desafíos en la predicción de la demanda con IA
Reducción del desperdicio: la predicción precisa permite ajustar el inventario a la demanda real, reduciendo el desperdicio de productos y optimizando los costos.	**Datos históricos y cambios en el comportamiento**: la precisión de la predicción depende de los datos históricos, pero el comportamiento de los clientes puede cambiar rápidamente debido a factores externos. La IA debe ser capaz de adaptarse y ajustar las predicciones en función de nuevas tendencias o eventos imprevistos.
Mejora de la disponibilidad de productos: al prever la demanda, las empresas aseguran que los productos estén disponibles para los clientes en todo momento, evitando situaciones de desabastecimiento.	**Factores externos**: la predicción de la demanda puede verse afectada por factores externos, como cambios económicos, eventos climáticos o situaciones imprevistas como pandemias. La IA necesita estar integrada con datos externos para anticiparse a estos cambios de manera proactiva.
Optimización de la cadena de suministro: la predicción de la demanda facilita la planificación y el reabastecimiento, optimizando la logística y reduciendo los costos de almacenamiento.	**Coordinación con proveedores**: la predicción precisa de la demanda es útil si la empresa puede coordinarse eficientemente con sus proveedores. En caso de alta demanda, es necesario asegurar que el proveedor pueda suministrar los productos a tiempo.

8.3 OPTIMIZACIÓN DE INVENTARIO

La **optimización de inventario** mediante IA es una estrategia clave para mejorar la eficiencia operativa de las empresas y reducir costos. La IA permite analizar en tiempo real los datos de inventario, anticipar la demanda y ajustar el stock en función de factores como la estacionalidad, el comportamiento de los clientes y las tendencias del mercado. Con la implementación de sistemas de IA, las empresas pueden mantener los niveles de inventario óptimos, evitando tanto el sobrestock como el desabastecimiento, lo cual resulta en una mejor experiencia para el cliente y una mayor rentabilidad.

Algunas estrategias de optimización de inventario con IA son:

▶ **Monitoreo de inventario en tiempo real**. Con la IA, las empresas pueden monitorear en tiempo real los niveles de inventario, obteniendo alertas automáticas sobre productos que están a punto de agotarse o en exceso de stock. Este monitoreo continuo permite tomar decisiones rápidas y proactivas, asegurando que los productos de alta demanda estén siempre disponibles.

ⓘ Ejemplo

Una cadena de supermercados puede monitorear en tiempo real los productos de alta rotación, como los alimentos perecederos, y recibir alertas para reabastecer estos artículos antes de que se agoten, asegurando disponibilidad para el cliente y reduciendo desperdicio.

▶ **Reabastecimiento automatizado**. La IA puede automatizar el proceso de reabastecimiento, ajustando las órdenes de compra según la demanda proyectada. Al predecir la cantidad de stock necesaria, las empresas evitan el exceso de inventario y los costos de almacenamiento, mejorando la eficiencia de la cadena de suministro.

ⓘ Ejemplo

Una tienda de moda puede usar reabastecimiento automatizado para mantener en stock las prendas de temporada y evitar el sobrestock en épocas de baja demanda, como después de las rebajas de fin de temporada.

▶ **Gestión Just-in-Time (JIT)**. La estrategia de inventario Just-in-Time permite mantener niveles mínimos de stock, reabasteciendo solo cuando se espera una demanda inmediata. La IA facilita esta estrategia al prever con precisión la demanda y coordinar el reabastecimiento en función de las necesidades actuales, optimizando así el uso del espacio y los recursos.

ⓘ **Ejemplo**

Una cadena de farmacias puede implementar el sistema JIT para productos de alta rotación, como medicamentos básicos y productos de higiene, reduciendo el espacio de almacenamiento y asegurando que los productos estén disponibles en el momento justo.

> ▶ **Segmentación de inventario**. La IA permite segmentar el inventario en categorías, tales como alta, media y baja rotación. Cada segmento se gestiona con una estrategia específica, asegurando que los productos de alta demanda tengan siempre stock disponible, mientras que los productos de baja demanda se manejan de forma más conservadora.

ⓘ **Ejemplo**

Un retailer de electrónica puede clasificar los productos según su rotación (por ejemplo, smartphones de alta rotación frente a cámaras digitales de baja rotación) y aplicar políticas de inventario diferenciadas para cada categoría.

8.4 ANÁLISIS DE CASOS PRÁCTICOS EN EL COMERCIO MINORISTA

La IA ha transformado el comercio minorista, permitiendo a las empresas optimizar su inventario, gestionar precios dinámicos y anticiparse a las demandas de los clientes. A continuación, se presentan algunos casos que ejemplifican cómo empresas minoristas implementan la IA para mejorar su competitividad y eficiencia.

Caso 1: tienda de moda local y la optimización de inventario por temporada

Una tienda de moda local con varias sucursales utiliza IA para optimizar su inventario, especialmente durante los cambios de temporada. Anteriormente, la tienda tenía problemas de exceso de stock al final de cada estación, lo que resultaba en ventas con descuentos significativos y pérdidas de ganancia.

La tienda implementó un sistema de IA que analiza patrones de ventas históricas junto con datos de tendencias de moda para prever la demanda de productos estacionales. La IA ajusta los pedidos de inventario en función de la demanda proyectada y envía alertas cuando un producto de alta rotación necesita reabastecimiento.

Los resultados fueron:

- La tienda ha logrado disminuir los excedentes de fin de temporada, ajustando el stock a la demanda real y reduciendo la necesidad de grandes rebajas.

- Los productos de alta demanda están siempre disponibles, lo que mejora la experiencia del cliente y aumenta las ventas durante la temporada.

Caso 2: supermercado independiente y la gestión de inventario de productos perecederos

Un supermercado independiente en un área urbana ha implementado un sistema de IA para gestionar el inventario de productos perecederos. Debido a la limitada capacidad de almacenamiento, el supermercado tenía problemas frecuentes de desperdicio en productos frescos.

Mediante el uso de IA, el supermercado analiza datos de ventas diarias y factores como el clima y eventos locales para prever la demanda de productos frescos, como frutas y verduras. El sistema envía notificaciones para reabastecer productos antes de que se agoten y alerta sobre aquellos que están cercanos a su fecha de vencimiento.

Los resultados fueron:

▶ Al prever la demanda real, el supermercado ha logrado disminuir el desperdicio de alimentos perecederos.

▶ Los productos frescos están disponibles de manera constante, lo que genera una mejor percepción de calidad entre los clientes y fomenta la lealtad.

Caso 3: librería de barrio y la estrategia de precios dinámicos

Una pequeña librería en un barrio residencial utiliza IA para implementar precios dinámicos y adaptarse mejor a las preferencias de sus clientes. Esta librería enfrenta la competencia de grandes cadenas y plataformas de e-commerce, por lo que necesitaba ajustar sus precios para mantenerse competitiva.

La IA permite a la librería analizar los precios de los libros más vendidos en otras tiendas de la zona y en línea, ajustando sus propios precios en función de la competencia y de la demanda local. Además, el sistema aplica descuentos personalizados para clientes frecuentes.

Los resultados fueron:

▶ La librería ha mejorado su competitividad en precios, atrayendo a más clientes de su área y aumentando la fidelización de los clientes frecuentes.

▶ Los precios ajustados en función de la demanda y la competencia permiten a la librería optimizar su margen de ganancia en los productos más vendidos.

Caso 4: tienda de electrónica local y el inventario just-in-time

Una tienda de electrónica independiente utiliza la IA para gestionar su inventario mediante un sistema Just-in-Time. La tienda solía enfrentar problemas de sobrestock con productos tecnológicos de rápida obsolescencia, lo que llevaba a pérdidas financieras significativas.

Mediante la IA, la tienda puede prever la demanda de productos tecnológicos de acuerdo con las tendencias y el comportamiento de compra local. La IA ajusta el reabastecimiento de productos populares y asegura que los artículos de baja rotación se soliciten en cantidades reducidas para minimizar el riesgo de obsolescencia.

Los resultados fueron:

▶ La tienda ha logrado disminuir los costos al mantener solo el stock necesario y reducir el exceso de productos.

▶ La estrategia Just-in-Time asegura que los productos de alta demanda estén disponibles en el momento adecuado, mejorando la rotación de inventario y las ventas.

ATENCIÓN AL CLIENTE Y CHATBOTS

La atención al cliente ha evolucionado significativamente con la introducción de tecnologías de IA, especialmente a través del uso de chatbots. Los chatbots impulsados por IA permiten a las empresas ofrecer un servicio rápido, eficiente y disponible las 24 horas, mejorando la experiencia del cliente y liberando al equipo humano de tareas repetitivas. Estos asistentes virtuales no solo responden a preguntas frecuentes, sino que también pueden realizar tareas avanzadas, como personalizar respuestas, gestionar solicitudes de servicio y orientar a los clientes en sus procesos de compra.

9.1 USO DE CHATBOTS IMPULSADOS POR IA

Los **chatbots impulsados por IA** utilizan algoritmos de aprendizaje automático y procesamiento de lenguaje natural (NLP) para interpretar y responder a las consultas de los usuarios de manera precisa y natural. A diferencia de los chatbots tradicionales, que se limitan a respuestas preprogramadas, los chatbots con IA pueden aprender de las interacciones y mejorar sus respuestas con el tiempo. Este aprendizaje continuo permite que el chatbot brinde una experiencia de usuario más fluida y relevante, adaptándose a las necesidades y expectativas de cada cliente.

Las funcionalidades clave de los chatbots impulsados por IA son:

- ▸ **Atención al cliente 24/7.** Uno de los mayores beneficios de los chatbots con IA es su capacidad para operar las 24 horas del día, lo que permite a las empresas ofrecer atención continua a los clientes. Esto es especialmente útil para responder a consultas fuera del horario laboral y brindar soporte inmediato en situaciones urgentes.

- ▸ **Respuestas rápidas y eficientes.** Los chatbots con IA pueden responder instantáneamente a preguntas frecuentes, como la disponibilidad de productos, políticas de devolución o seguimiento de pedidos. Al resolver consultas de manera rápida, mejoran la satisfacción del cliente y reducen el tiempo que los clientes pasan buscando respuestas.

- ▸ **Personalización de interacciones.** La IA permite que los chatbots personalicen sus respuestas en función del historial y preferencias del cliente. Esto significa que, en lugar de ofrecer respuestas genéricas, el chatbot puede adaptar sus sugerencias y recomendaciones según los intereses del usuario, aumentando la relevancia de la interacción.

- ▸ **Automatización de procesos y tareas comunes.** Los chatbots pueden gestionar automáticamente tareas repetitivas, como cambios de contraseña, actualizaciones de datos personales o programación de citas. Esta capacidad permite que los agentes humanos se concentren en problemas más complejos, mientras que el chatbot se encarga de las tareas de bajo valor.

- ▸ **Escalación a agentes humanos.** Cuando un problema supera la capacidad del chatbot, la IA puede escalar la consulta a un agente humano de manera fluida, proporcionando el contexto completo de la interacción para que el agente pueda ofrecer una respuesta rápida y precisa.

Beneficios del uso de chatbots impulsados por IA	Desafíos en el uso de chatbots impulsados por IA
Mejora de la experiencia del cliente: los chatbots brindan atención inmediata y personalizada, lo que reduce el tiempo de espera y mejora la satisfacción del cliente.	**Limitaciones en la comprensión del lenguaje complejo**: aunque los chatbots con IA han avanzado mucho, todavía pueden tener dificultades para interpretar preguntas o mensajes complejos, lo que puede llevar a malentendidos o respuestas inexactas.
Ahorro de costos: la automatización de tareas rutinarias reduce la necesidad de contratar personal adicional, disminuyendo los costos operativos.	**Dependencia de datos de calidad**: para ofrecer respuestas precisas y relevantes, los chatbots necesitan datos de calidad sobre los clientes y los productos o servicios de la empresa. Los datos incorrectos o desactualizados afectan su efectividad.
Eficiencia operativa: al encargarse de las consultas frecuentes, los chatbots liberan tiempo para que el equipo de atención al cliente se enfoque en problemas de mayor complejidad.	**Preferencia de los clientes por la interacción humana**: algunos clientes prefieren hablar con un agente humano, especialmente en situaciones delicadas, por lo que es importante que los chatbots permitan la opción de escalar a un agente.
Recopilación de datos y feedback: los chatbots pueden recopilar información valiosa sobre el comportamiento y las preferencias de los clientes, permitiendo mejorar los servicios y productos.	**Actualización continua**: los chatbots deben actualizarse regularmente para reflejar cambios en políticas, productos o servicios. Sin mantenimiento, pueden brindar respuestas desactualizadas o incorrectas, afectando la experiencia del cliente.

9.2 MEJORA DE LA ATENCIÓN AL CLIENTE CON IA

La **IA en la atención al cliente** ha revolucionado la manera en que las empresas interactúan con sus clientes, ofreciendo respuestas rápidas, personalizadas y disponibles en todo momento. A través de tecnologías como el procesamiento del lenguaje natural (NLP) y el aprendizaje automático, la IA permite comprender y responder de manera más efectiva a las necesidades de los clientes, mejorando su experiencia y fortaleciendo su relación con la marca. Al automatizar tareas comunes y ofrecer una atención de alta calidad, la IA contribuye significativamente a la satisfacción y fidelización del cliente.

Las principales áreas de mejora en la atención al cliente con IA son:

▸ **Respuestas instantáneas y disponibilidad 24/7**. Uno de los mayores beneficios de la IA es su capacidad para ofrecer atención ininterrumpida. Esto asegura que los clientes puedan recibir respuestas inmediatas a sus consultas en cualquier momento, independientemente del horario de trabajo.

ⓘ Ejemplo

Un cliente que consulta sobre el estado de su pedido a medianoche puede recibir una respuesta instantánea mediante un chatbot, evitando la frustración de esperar hasta el horario de atención al cliente.

▸ **Personalización de la experiencia**. La IA permite analizar el historial y las preferencias del cliente, personalizando las respuestas y recomendaciones. Esta personalización asegura que el cliente sienta que la empresa comprende sus necesidades, lo que fortalece la relación y la lealtad hacia la marca.

> **ⓘ Ejemplo**
>
> Un chatbot en una tienda de cosméticos puede recordar las compras anteriores de un cliente y sugerir productos complementarios o de nueva llegada que coincidan con sus preferencias.

▶ **Automatización de tareas repetitivas.** La IA puede encargarse de tareas repetitivas, como responder preguntas frecuentes, procesar solicitudes de información o actualizar datos de contacto. Esto libera tiempo para que los agentes humanos se concentren en casos más complejos y de alto valor.

> **ⓘ Ejemplo**
>
> En una clínica, un asistente virtual puede gestionar automáticamente la programación de citas y responder preguntas sobre horarios, permitiendo que el personal administrativo se enfoque en tareas más importantes.

▶ **Análisis de sentimientos y mejora de la calidad de respuesta.** Los sistemas de IA pueden analizar el tono y las emociones en las interacciones del cliente, ajustando el enfoque de la respuesta según el estado de ánimo percibido. Este análisis permite que la empresa se adapte a las necesidades emocionales del cliente, brindando un servicio más empático y humano.

> **ⓘ Ejemplo**
>
> Un chatbot que detecta frustración en las respuestas de un cliente puede redirigir la conversación a un agente humano capacitado en gestión de quejas

▶ **Recopilación y análisis de datos.** La IA permite recopilar y analizar datos sobre el comportamiento, preferencias y problemas comunes de los clientes, proporcionando información valiosa para mejorar los productos y servicios de la empresa.

ⓘ Ejemplo

Una plataforma de comercio electrónico puede utilizar datos de interacción con un chatbot para identificar productos con preguntas frecuentes y mejorar las descripciones o guías de compra de esos productos.

9.3 RESOLUCIÓN DE PROBLEMAS Y ESCENARIOS DE USO

Los sistemas de IA en atención al cliente no solo responden a preguntas frecuentes, sino que también pueden resolver problemas específicos y adaptarse a escenarios de uso complejos. Al identificar patrones en las interacciones y aplicar soluciones previas, la IA puede resolver problemas de forma rápida y eficaz, mejorando la experiencia del cliente y reduciendo el tiempo de resolución.

Algunos escenarios comunes de uso y resolución de problemas con IA son los siguientes:

▸ **Resolución de problemas técnicos básicos**. Los chatbots impulsados por IA pueden guiar a los clientes a través de la solución de problemas técnicos básicos, como la configuración de un producto, la solución de problemas de conectividad o el restablecimiento de contraseñas. Esto reduce la carga de trabajo de los equipos de soporte técnico y permite una solución rápida para el cliente.

ⓘ **Ejemplo**

En una empresa de telecomunicaciones, el chatbot puede ayudar al cliente a resolver problemas de conexión a Internet, verificando pasos básicos como el reinicio del módem o la verificación de cables, sin necesidad de la intervención de un agente

▸ **Soporte en procesos de compra y postventa**. La IA puede guiar al cliente durante el proceso de compra, desde la recomendación de productos hasta la gestión de pedidos y devoluciones. Esto garantiza una experiencia de compra fluida y mejora la satisfacción del cliente en cada etapa.

ⓘ **Ejemplo**

Un cliente que consulta sobre una devolución en una tienda de moda en línea puede recibir asistencia de un chatbot que guía el proceso y proporciona instrucciones de devolución de forma inmediata.

▸ **Gestión de consultas en el sector financiero**. En el sector financiero, los chatbots pueden responder consultas sobre saldos, transferencias y otros servicios bancarios de manera segura. La IA permite que los clientes accedan rápidamente a su información y realicen consultas financieras sin la intervención de un agente.

ⓘ **Ejemplo**

Un cliente de un banco puede utilizar un chatbot para consultar su saldo y las transacciones recientes, evitando las esperas telefónicas y obteniendo información en segundos.

▶ **Asistencia en el sector salud**. Los chatbots en el sector salud pueden proporcionar información general sobre síntomas, medicamentos y citas, así como recordatorios de seguimiento para el paciente. Aunque no reemplazan la atención médica profesional, estos sistemas ayudan a reducir la carga de trabajo del personal y a mejorar la accesibilidad a la información.

ⓘ **Ejemplo**

Un paciente puede recibir recordatorios automatizados para tomar su medicación o realizar un chequeo, mejorando la adherencia a los tratamientos y el bienestar del paciente.

▶ **Gestión de quejas y escalación automática**. La IA permite identificar rápidamente casos complejos que requieren la intervención de un agente humano, asegurando una escalación eficiente de las quejas o problemas no resueltos. Los chatbots pueden proporcionar una solución inicial y, si no es suficiente, transferir la consulta a un agente con el contexto completo de la interacción.

ⓘ Ejemplo

Un cliente que expresa insatisfacción con un producto defectuoso en una tienda puede ser atendido primero por un chatbot que ofrece opciones de devolución, y si el problema no se resuelve, la IA transfiere la queja a un agente humano.

La implementación de IA en la atención al cliente ofrece beneficios significativos en términos de rapidez, personalización y eficiencia en la resolución de problemas. Con la capacidad de atender consultas de manera inmediata y resolver problemas comunes, la IA mejora la experiencia del cliente, optimiza los recursos y permite que el equipo humano se enfoque en situaciones de mayor complejidad. A medida que la tecnología avanza, los sistemas de IA continuarán ampliando sus capacidades de resolución, ofreciendo interacciones cada vez más naturales y adaptativas.

PRUEBA DE AUTOEVALUACIÓN

1. **¿Cuál es una de las principales ventajas de los chatbots impulsados por IA?**

   a) Pueden reemplazar completamente a los agentes humanos en la atención al cliente.

   b) **Pueden ofrecer atención 24/7, mejorando la disponibilidad para los clientes.**

   c) Pueden aprender sin datos históricos.

   d) Pueden realizar análisis financieros avanzados.

2. **¿Qué tecnología permite a los chatbots interpretar y responder de forma natural a las consultas de los usuarios?**

   a) Reconocimiento facial.

   b) Análisis de Big Data.

   c) **Procesamiento de lenguaje natural (NLP).**

   d) Realidad aumentada.

3. **¿Cuál es un beneficio clave de la automatización de tareas repetitivas mediante chatbots?**

   a) **Libera tiempo para que el equipo humano se enfoque en problemas más complejos.**

   b) Permite reducir los precios de los productos.

   c) Aumenta el tiempo de espera en la atención al cliente.

   d) Permite reducir la calidad de los servicios.

4. **¿Cómo pueden los chatbots personalizar las interacciones con los clientes?**

   a) Al ofrecer respuestas predeterminadas para todos los usuarios.

   b) **Al adaptar las respuestas según el historial y las preferencias del cliente.**

   c) Al sugerir siempre los productos más vendidos.

   d) Al limitar el número de consultas.

5. **¿Cuál es una funcionalidad de los chatbots impulsados por IA en el comercio electrónico?**

   a) Detectar fallos en la cadena de suministro.

   b) Realizar compras automáticamente.

   c) **Ayudar a los clientes a encontrar productos y gestionar devoluciones.**

   d) Crear inventarios de productos.

6. **¿Qué permite la escalación a agentes humanos en un sistema de chatbot?**

   a) Ignorar las quejas de los clientes.

   b) **Transferir consultas complejas a un agente con el contexto completo de la interacción.**

   c) Reemplazar todas las interacciones humanas.

   d) Cambiar automáticamente los precios de los productos.

7. ¿Cuál es uno de los desafíos de los chatbots con IA en la atención al cliente?

   a) **La dificultad para comprender lenguaje complejo o ambiguo.**

   b) La incapacidad de interactuar con clientes frecuentes.

   c) La falta de opciones de automatización.

   d) La excesiva escalación a agentes humanos en todos los casos.

8. ¿Qué pueden hacer los chatbots con IA en la atención médica?

   a) Reemplazar a los médicos en el diagnóstico.

   b) Proporcionar recetas médicas.

   c) **Programar citas y enviar recordatorios de medicación.**

   d) Vender seguros médicos.

9. ¿Cuál es una mejora que ofrece la IA en la atención al cliente?

   a) Aumenta los costos de atención.

   b) Reduce la disponibilidad de servicio.

   c) **Permite una atención rápida y disponible 24/7.**

   d) Disminuye la personalización en las interacciones.

10. ¿Cómo mejora la IA la personalización en la atención al cliente?

   a) Reemplazando la atención personalizada por respuestas estándar.

   b) **Analizando el historial y las preferencias del cliente para adaptar las respuestas.**

   c) Ofreciendo siempre descuentos automáticos.

   d) Proporcionando solo respuestas predeterminadas.

11. ¿Qué beneficio ofrece el análisis de sentimientos en los sistemas de IA para atención al cliente?

   a) **Adaptar el tono y enfoque de la respuesta según el estado de ánimo percibido.**

   b) Reemplazar la atención humana en casos de emergencia.

   c) Realizar recomendaciones automáticas de productos.

   d) Ejecutar transacciones financieras automáticas.

12. ¿Cuál de las siguientes opciones describe mejor la recopilación de datos mediante chatbots?

   a) La recopilación de datos solo de clientes nuevos.

   b) **La recopilación de datos sobre comportamiento y preferencias para mejorar los servicios.**

   c) La eliminación automática de datos de clientes.

   d) El almacenamiento de datos en plataformas públicas.

13. ¿Qué tipo de problemas técnicos pueden resolver los chatbots con IA?

   a) **Configuración de productos, conectividad y restablecimiento de contraseñas.**

   b) Diagnóstico de problemas de alta complejidad.

   c) Resolución de problemas en redes de servidores.

   d) Asesoramiento médico personalizado.

14. ¿Cuál es un escenario de uso de IA en el sector financiero?

   a) **Consultas sobre saldos y transferencias bancarias.**

   b) Automatización de auditorías financieras.

   c) Desarrollo de campañas publicitarias.

   d) Reemplazo de asesores financieros.

15. ¿Cómo ayuda la IA en la gestión de quejas en el servicio al cliente?

a) Ignorando las consultas más complejas.

b) Reemplazando la atención humana en quejas delicadas.

c) **Escalando automáticamente a un agente humano si el chatbot no resuelve el problema.**

d) Respondiendo con respuestas estándar en todas las quejas.

16. ¿Qué pueden hacer los chatbots en el sector salud para asistir a los pacientes?

a) **Enviar recordatorios de medicación y programar citas.**

b) Diagnosticar enfermedades complejas.

c) Suministrar medicamentos sin receta.

d) Realizar consultas médicas avanzadas.

17. ¿Qué beneficio principal proporciona la resolución automatizada de problemas con IA?

a) **Reducción del tiempo de espera para los clientes.**

b) Aumento de la complejidad en el soporte.

c) Reducción de la satisfacción del cliente.

d) Aumento de la necesidad de atención humana.

18. ¿Cuál de los siguientes sectores utiliza IA para la asistencia en procesos de devolución?

a) Sector financiero.

b) Salud.

c) **Comercio electrónico.**

d) Transporte.

19. ¿Qué limitación tiene la IA en la resolución de problemas de atención al cliente?

a) No puede resolver problemas de ningún tipo.

b) **Tiene dificultades con problemas complejos que requieren intervención humana.**

c) No puede automatizar ninguna tarea rutinaria.

d) No puede realizar ninguna interacción personalizada.

20. ¿Qué permite la recopilación de datos sobre preferencias de clientes mediante chatbots?

a) Aumentar el costo operativo de la empresa.

b) **Mejorar los productos y servicios en función de las necesidades del cliente.**

c) Responder solo con mensajes predeterminados.

d) Reducir el número de opciones de personalización.

GLOSARIO

- **Algoritmo:** conjunto de instrucciones o reglas que una máquina sigue para realizar una tarea específica. En IA, los algoritmos se utilizan para procesar datos, aprender patrones y tomar decisiones.

- **Automatización de tareas:** proceso mediante el cual las tareas repetitivas son realizadas automáticamente por sistemas de IA, permitiendo al equipo humano centrarse en actividades más complejas y de mayor valor.

- **Chatbot:** programa informático que utiliza IA para simular una conversación con los usuarios, ofreciendo respuestas automáticas a consultas frecuentes y asistencia personalizada en tiempo real.

- **Inteligencia Artificial (IA):** campo de la informática que desarrolla sistemas capaces de realizar tareas que requieren inteligencia humana, como el aprendizaje, la toma de decisiones y el procesamiento del lenguaje natural.

- **Inventario Just-in-Time (JIT):** método de gestión de inventarios que minimiza el stock disponible, reabasteciendo los productos solo cuando se prevé una demanda inmediata. La IA facilita esta estrategia mediante predicciones precisas de demanda.

- **Machine Learning (Aprendizaje Automático):** o Subcampo de la IA que permite a los sistemas aprender y mejorar automáticamente a partir de la experiencia, sin programarse explícitamente para ello. Es fundamental para desarrollar chatbots, sistemas de recomendación y análisis predictivo.

- **NLP (Natural Language Processing o Procesamiento de Lenguaje Natural):** tecnología de IA que permite a los sistemas comprender y responder en lenguaje humano, lo cual es esencial para el funcionamiento de chatbots y otros sistemas de atención al cliente.

- **Personalización:** capacidad de la IA para adaptar productos, servicios y mensajes de marketing en función de las preferencias y el comportamiento de cada cliente, mejorando así su experiencia y satisfacción.
- **Precio dinámico:** sistema de precios ajustables en tiempo real en función de la demanda, competencia y otros factores relevantes. La IA permite aplicar precios dinámicos de manera precisa, optimizando los márgenes de ganancia.
- **Procesamiento de datos:** el análisis y transformación de grandes volúmenes de datos en información útil mediante IA, permitiendo realizar predicciones, segmentaciones de clientes y optimizar inventarios.
- **Recomendación de productos:** sistema que utiliza IA para sugerir productos a los clientes en función de sus intereses, historial de compras y comportamiento en línea. Ayuda a personalizar la experiencia de compra y aumentar las ventas.
- **Reducción de costos operativos:** beneficio clave de la IA que permite automatizar tareas y optimizar procesos como la atención al cliente, la gestión de inventarios y el marketing, disminuyendo los costos asociados.
- **Retorno de la Inversión Publicitaria (ROAS):** indicador que mide la rentabilidad de las campañas publicitarias en función de los ingresos generados frente a los costos de inversión. La IA permite optimizar el ROAS mediante una mejor segmentación y personalización de anuncios.
- **Segmentación de clientes:** proceso de dividir a los clientes en grupos específicos basados en características comunes, como el comportamiento de compra o datos demográficos. La IA permite una segmentación avanzada y en tiempo real, mejorando la precisión de las campañas de marketing.
- **Sistema de inventario en tiempo real:** modelo de gestión de inventarios que permite monitorear el stock de productos en tiempo real, identificando productos con baja disponibilidad o exceso de inventario. La IA facilita la toma de decisiones en tiempo real para optimizar el inventario.
- **Sistema de reabastecimiento automatizado:** sistema que utiliza IA para ajustar los niveles de inventario de acuerdo con la demanda proyectada, reabasteciendo productos automáticamente y evitando el sobrestock o el desabastecimiento.
- **Tasa de conversión:** porcentaje de usuarios que realizan una acción específica, como una compra o un registro, después de interactuar con un anuncio o contenido.

La IA permite mejorar la tasa de conversión al personalizar la experiencia del cliente y optimizar campañas publicitarias.

▶ **Tasa de Clics (CTR):** indicador que mide el porcentaje de usuarios que hicieron clic en un anuncio en comparación con el total de usuarios que lo vieron, utilizado para evaluar la efectividad de una campaña publicitaria.

▶ **Tiempo de permanencia:** cantidad de tiempo que un usuario pasa en una página web o interactuando con un contenido específico. Este indicador ayuda a evaluar el nivel de interés del cliente y la relevancia del contenido, facilitando la optimización de campañas mediante IA.

▶ **Upselling y Cross-selling:** técnicas de ventas que buscan aumentar el valor de la compra sugiriendo productos adicionales o complementarios al cliente. La IA optimiza estas técnicas al personalizar las recomendaciones en función de las preferencias del usuario.

SÍGUENOS EN INSTAGRAM Y ACCEDE GRATIS A NUESTRA BIBLIOTECA DIGITAL DURANTE 30 DÍAS.

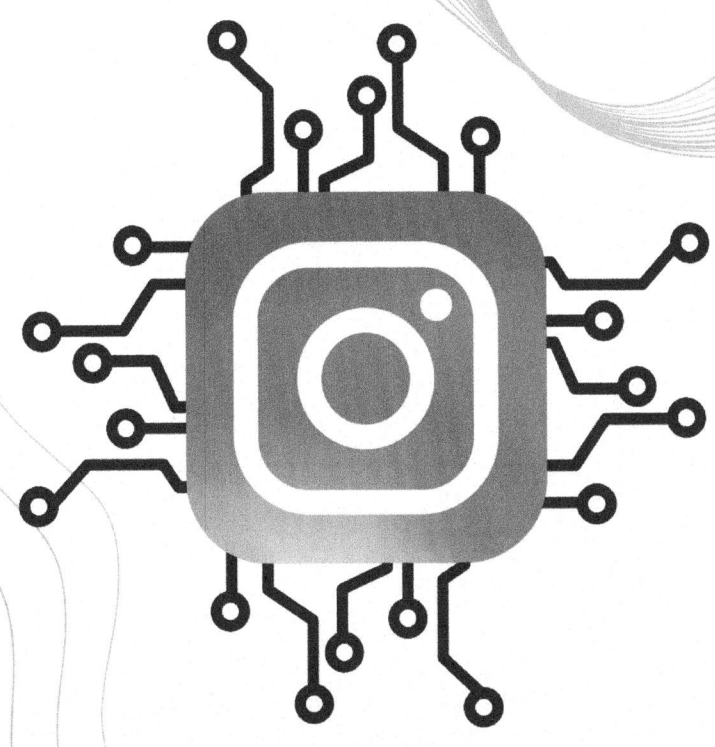

@grupoeditorialrama

¡ENVIANOS TU MAIL POR PRIVADO!

Grupo Editorial
ra-ma

40 ANIVERSARIO